香港航空百年

編著　宋軒麟

系　　列　香港經典系列
書　　名　香港航空百年
編　　著　宋軒麟
責任編輯　李　安
裝幀設計　吳冠曼
協　　力　寧礎鋒　羅詠琳

出　　版　三聯書店（香港）有限公司
香港北角英皇道 499 號北角工業大廈 20 樓
Joint Publishing (H.K.) Co., Ltd.
20/F., North Point Industrial Building,
499 King's Road, North Point, Hong Kong
香港發行　香港聯合書刊物流有限公司
香港新界大埔汀麗路 36 號 3 字樓
印　　刷　中華商務彩色印刷有限公司
香港新界大埔汀麗路 36 號 14 字樓
版　　次　2003 年 7 月香港第一版第一次印刷
2013 年 6 月香港第二版第一次印刷
規　　格　大 32 開（140mm × 200mm） 168 面
國際書號　ISBN 978-962-04-3404-4

封　　面　在樓宇間飛行的奇景（盧志超攝／香港航空攝影會提供）
扉　　頁　相機（伍榮新攝）、國泰航空機票（葉紹麒攝／吳邦謀提供）、三十年代旅行箱（伍榮新攝／半島酒店 China Clipper Lounge 提供）、戰時英軍軍帽（葉紹麒攝／高添強提供）、國泰航空旅行袋（葉紹麒攝／吳邦謀提供）、送機照片（伍榮新攝／伍玉清提供）

CATHAY
PACIFIC
AIRWAYS
Shanghai
SHANGHAI CAMERA MANUFACTORY

目錄

1911 年在港試飛的費文雙翼機複製品。(香港歷史飛機協會)

序言

經過百多年的發展，香港由華南邊陲的無名小鄉變成一個國際大都會，獨特的地理位置更令香港成為全球最重要的運輸中心之一。西方殖民者的來臨除了帶來多方面的衝擊外，亦令香港接觸到各式各樣的新事物，航空科技便是其中之一。百多年來，雖然香港沒有過任何驕人的航空科技成就、沒發生過轟天動地改寫歷史的空戰，也沒出現過名垂青史的飛行英雄，但在這片彈丸之地卻孕育出舉世知名的航空公司、世界頂級的飛機工程人員、傳奇的啟德機場、名列二十世紀十大經典建築的新機場和許許多多曾為世人矚目的航空事件，讓香港在世界航空史上亦佔重要一席。

香港的航空發展受着當時的政治、經濟、科技和社會因素所影響，如辛亥革命、省港大罷工、二次大戰、「九七」回歸以至非典型肺炎疫潮等，都與香港的航空發展息息相關。本書不會單從航空專業的角度直述發展經過，而會盡量在文中交代各事項如何受同期政經事件所影響，或反過來影響當時的香港。

過去有關香港航空史的書籍寥寥無幾，幾本主要的著作皆由西方人所寫，立論與選材都以西方經驗為本，有的着眼於描述殖民地政府和歐美國家如何將香港由一個「荒蕪的石島」變成空運重鎮；有的則細述懷舊往事，字裏行間滲透着點點《蘇絲黃的世界》和《生死戀》的餘韻。至今還未有一本以中文寫成的香港航空史專著，而有關資料向來只四散於多本香港掌故書籍和轉載於近年內地出版的中國航空史書內。本地掌故書籍記載的資料準確性多有不足之處，而基於材料、史觀和出版動機的不同，部分內地史家在記述香港航空史時亦往往未能反映全面的歷史，或避重就輕，或與史實不符。然而，上述的中外書籍有系統地整合了大量原本零碎的史料，故極具參考價值，經考證後便成為本書內容的重要支柱之一。

本書是首本以中文寫成的香港航空史專著，內容與圖片的選取皆從香港土生土長的一代出發，旨在與讀者重溫我們與香港航空業並肩成長的每一頁。香港的航空發展是整個香港歷史的縮影，英國殖民地統治對此有關鍵性的貢獻，而中國百多年變遷之影響亦不容忽視，在兩者之間我們以親身的經歷去審視過去。筆者認為百多年來香港的天空既是中國與世界的連接點，同時也與中國及全球相互影響。本書與學術著作仍有一段相當距離，只是一次整合各方資料的嘗試。鑑於過去坊間書籍在記載航空史料或掌故時往往有不少錯誤之處，因此本書致力透過深入考證，包括翻閱原始資料，為讀者提供最精確和吸引的內容。此外，由於過去出版的書籍對日佔時期的航空情況着墨不多，以致坊間長期誤解當時的情形，故本書特別加強該時期的資料搜集，嘗試從多個角度為該段非凡而空白的歷史補上一筆，希望透過道出當時在維多利亞港上空奮勇作戰的美軍、在「啟德」被勞役的英軍、與盟軍並肩作戰的中國游擊隊、踏上民航旅程的日本僑民，及在美日夾縫中飽受轟炸的無辜香港市民之經歷，更立體地把當時精彩的天空呈現讀者眼前。

本書與過往幾本香港航空史書的編排略有不同。第二次世界大戰是香港以至全世界航空發展的一大轉捩點，故此我們以二戰為中軸，並以此為界道出各領域的不同發展。本書最後加入了香港航空大事年表，該年表記錄了自一八九一年起的代表性事件，資料主要根據歷年報章及官方記錄而成，相信有助讀者回顧百多年來的大事和歷史點滴。至於專有名詞的中譯問題，由於不同年代及地區有其習慣譯法，本書將盡可能跟從，而沒有習慣譯法的，則一律按漢語拼音翻譯。

本書深信香港的航空史不是民航官員、飛行員和飛機迷的專利，也屬於曾勇救盟軍機師的西貢鄉民、那些可能連飛機也未坐過的九龍城街坊和歷代付出血汗興建機場的工人，是所有香港市民和旅客的共同回憶。航空業的每個環節都涉及專門學問，而每宗影響深遠的航空事件更存在着不同的結論及有待學界進一步的考究，晚輩在此謹以有限的知識、時間和資源及尚待琢磨的觀點成書，旨在引起讀者研究香港航空歷史和保護有關文物的興趣，若有不足之處，盼望各界前輩及讀者賜教，讓我們一起記錄香港這個光輝事業的發展歷程。

本書從構思到出版歷時三年多，當中有賴多個機構及人士的鼎力協助和參與。首先要鳴謝國泰航空公司贊助部分的圖片版權費用，讓本書得以從世界各地搜集珍貴的歷史圖片，尤其很多是從未在香港公開的二戰圖片。本書不少早期圖片由香港歷史飛機協會（Hong Kong Historical Aircraft Association）提供，特此鳴謝。香港歷史飛機協會於一九九二年由一群航空愛好者為籌建一九一一年在港試飛的費文雙翼機複製品而成立，該架與原機同等大小的複製機於一九九七年十一月十五日成功在港試飛，後懸掛於香港國際機場客運大樓內作長期展覽。該會收藏大量有關香港航空歷史的文獻資料，另於互聯網上設了討論區讓會員及公眾就個別題材深入交流，極具參考價值，網址為：http://groups.yahoo.com/group/HKHAA。此外，香港航空攝影會、香港歷史博物館、英國 Imperial War Museum、Fleet Air Arm Museum、美國 National Archives、比利時 Musée Royal de l'Armée、澳洲 Australian War Memorial、香港民航處、香港飛機工程公司、香港機場管理局及半島酒店 China Clipper Lounge 等機構亦為本書提供了大量的藏品。筆者也要感謝高添強先生義不容辭地協助搜集及分享多幀二戰圖片，令本書二戰部分更為精彩；吳邦謀先生分享其多年的航空珍藏；及朱迅先生和 K. H. Ng 提供精彩的新聞圖片。另外要特別鳴謝幾位歷史見證人與我們分享親身經歷或藏品，包括喬宏太太、謝天賜先生、Mr. Dan-San Abbott、於一九四五至四六年間隨皇家海軍航空隊到「啟德」服役的無線電機械士官 Mr. Terry S. Rushton、於一九五九年隨美國海軍到港的航空攝影師 Mel Lawrence、二戰期間隨美軍到香港上空作戰的 Sgt. Robert E. Mongell（由其兒子 John Mongell 提供）及 Sgt. Walter J. Wipperfurth（由其女兒 Bobbe Marshall 提供）。

最後要感謝香港三聯書店的李安小姐的賞識和多年來不辭勞苦的協助，及三位讓我發掘歷史科樂趣的啟蒙老師——楊秀鳳老師、李志雄老師及陸鴻基教授。筆者由昔日伏在窗前看飛機升降的孩子到有機會參與香港航空界，並在此與讀者分享小小的研究心得，有賴多年來家人、親友及前輩的支持，謹在此將本書獻給他們及香港航空業歷代從業員。

戰前時期

一八九一年，寶雲兄弟在香港乘坐熱氣球作歷史性升空，二十年後，來自法國的溫德邦駕着一架簡陋的雙翼機在沙田一飛沖天，香港從此成為許多飛行冒險家的樂園。二十年代末，香港更擁有一個優良的軍用水陸機場——啟德機場，並於三十年代末發展為亞太區最大的民航空港之一，成為中國連接歐、美、非、澳和東南亞的要塞。

IMPERIAL HOTEL
THE HERMITAGE,
MT. COOK
NEW ZEALAND
HOTEL OCEAN PARK
店酒大海東
SIGLAP SINGAPORE
SOFIA
HOTEL
HAKONE JAPAN
MANILA
HOTEL COLOMBIA EXCELSIOR
GENOVA
PALACE
RIO DE JANEIRO
The Australia Hotel
BUGOYI_GUEST-HOUSE
AFRICA
RUANDA
KISENYI
ROYAL HOTEL
COPENHAGEN

1 熱氣球升空

一七八三年，法國人德羅齊爾（Jean-Francois Pilatre de Rozier）成功乘坐熱氣球升空，從此西方人征服藍天。未幾，熱氣球旋即在歐美作為軍事偵察之用，後來更成為探險家們挑戰地心吸力的表演工具。到十九世紀後期，探險家紛紛走到世界各地去發揚他們的技術，當然還希望賺取名聲及金錢。

一八九一年一月三日，美國人湯瑪士·寶雲（Thomas Scott Baldwin）於快活谷馬場表演熱氣球升空，成功征服了香港的天空。當時，無論是梳着長辮的中國人或是住在半山區的西方人，飛上天空對他們來説都是新奇刺激的事物，這次升空表演自然是一件天大盛事。當日人群早就湧到快活谷，湯瑪士和弟弟威廉合力將平扁在地上的氣球加熱，未幾，一團形狀古怪的東西在人群中徐徐升起，在微風中左搖右擺並慢慢脹大，八分鐘後終於成為一個飽滿的氣球。

那個熱氣球非常簡陋，沒有吊籃，湯瑪士只靠繩索與氣球相連。一聲令下，工作人員便放開固定氣球的繩索，氣球徐徐升空，令全場觀眾興奮莫名。就在升到一千呎空中時，湯瑪士的繩索在眾目睽睽下突然與氣球分離，湯瑪士直往下墮！當部分人掩面尖叫之際，湯瑪士的頭頂張開了一把「傘子」——對當時的人來説降落傘和熱氣球一樣都是畢生首次看到的新奇事物，據《士蔑西報》（*Hongkong Telegraph*）的記者所報道，湯瑪士很快便「如小鳥般輕盈地回到地面」。那天，寶雲兄弟成為了英雄，而香港也在航空的探索上，翻開了新的一頁。

次年，墨西哥人赫爾曼德斯（Senor L. Hermandez）來港演出更大膽創新的熱氣球示範，地點為西環海旁。一八九二年十一月九日晚上九時，他打算用一個發光的熱氣球升上夜空，然後在雲層中燃燒訊號彈後跳傘返回地面，主辦者當時宣傳這是「全球首創」的表演。但表演時卻因強風關係令熱氣球意外被燒毀，而赫爾曼德斯在逃生時更受了輕傷。雖然有觀眾建議籌款讓赫爾曼德斯買新氣球捲土重來，但最後他並沒有重回香港。自此，熱氣球示範在港沉寂了近二十年。

1 圖為湯瑪士・寶雲。（香港歷史飛機協會）

2 香港郵政署曾於二十世紀八十年代發行香港航空史郵票，包括描繪寶雲的氣球在 1891 年於快活谷升空的壯舉。不過，畫師筆下的氣球太過「豪華」，當時的氣球沒有吊籃，應跟圖 4 及圖 6 的廣告一樣。相信「Baldwin Brothers」橫額亦為畫師所加。

3 十九世紀的快活谷臨海開揚，為航空活動的理想場地。（香港歷史博物館藏品）

4 1892 年赫爾曼德斯在《士蔑西報》刊登的表演廣告。圖中可見升空者只用繩索與氣球連繫，另外掛有簡單的降傘。

5 圖為十九世紀末的西區，原是赫爾曼德斯的表演場地。可惜卻因意外而未能成事。（香港歷史博物館藏品）

6 1891 年寶雲兄弟在《德臣西報》刊登的表演廣告中，附有跳傘說明圖。

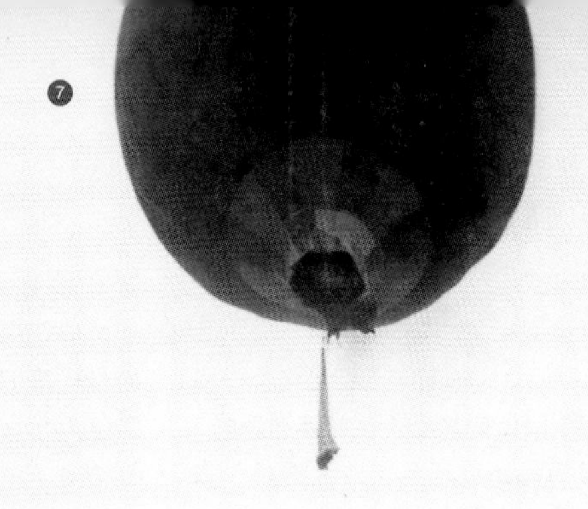

放氣球初發軔將昇高時圜而觀者萬頭攢動。

—— 一九一〇年一月三十一日《華字日報》報道寶雲氣球升空

一九一〇年一月，曾在一八九一年叱咤一時的英雄威廉．寶雲帶着他的新熱氣球「鉅子號」（Mogul）重回香港，表演原定於中區美利兵房進行，但因天氣關係改期，最後在尖沙咀訊號山下的空地上進行。當氣球升到一千呎高空後，威廉便跳傘而下，最後降落在維多利亞港裏。同年六月，希博尼（P. H. Hilborne）來港，當時香港正值大旱，希博尼宣稱將會在高空視察氣象，看看是否有下雨的跡象。希博尼在其華裔助手協助下在愉園乘坐熱氣球升空，他在升至五千呎後跳傘而下，贏得全場掌聲。這次熱氣球表演後，香港的升空熱潮也告一段落。

夢飛船

熱氣球浪潮激發了很多年輕人的升空夢，其中謝纘泰更據稱是首位設計飛船的中國人，但可惜他的發明從未成真，只留給後世一幅草圖。謝纘泰（1872-1937）生於澳洲悉尼，一八八七年隨母到香港定居並入讀皇仁書院，精於數理。據清末《東方雜誌》在一九〇八年的記載，當時成為香港《南華早報》（*South China Morning Post*）買辦的謝氏曾於一八九四年開始着手研究飛船（當時稱為「氣艇」），並花了五年時間研繪出「中國號」（China）的藍圖。「中國號」設計新穎，氣球下吊着鋁裝船身並以電動螺旋槳作推進器。這事跡自二十世紀初至今一直被大陸學者引述，而近年內地出版的史書和文章皆稱謝纘泰曾向清廷上書建造其發明，但卻遭冷待，結果他於一八九九年把設計圖轉交給一名英國工程師，令洋人「為之驚訝」（有史家更記載「中國號」成功研製升空）。

《東方雜誌》原載的「中國號」藍圖，注意飛船尾掛有大清國旗。

年輕時的謝纘泰。

其實英國一本在一九一七年出版的書籍 *Present Day Impression of the Far East and Progressive Chinese at Home and Aboard* 亦曾記載此事，書中提及謝氏是世上最早提出飛船設計概念的人之一，並一直與英國著名工程師馬克西姆爵士（Sir Hiram Maxim）交流。

然而謝纘泰曾向清廷上書之說則有可疑之處：謝氏是著名的革命人士，一八九五年與孫中山等人成立香港興中會，其反清立場鮮明而強硬，一直是革命活動和多次起義的幕後人物之一，為何這位與清廷勢不兩立的革命者會在忙於策劃廣州起義之際向清帝獻上飛船設計圖？上述一書及謝纘泰於一九二四年所寫的自傳中皆沒有上書之記載，而綜觀《東方雜誌》原文亦只稱「工大費絀，不能躬自試驗」，上書清廷之說相信只是誤傳。有趣的是，香港最後要到二〇〇一年才首次有飛船到訪。到底，「中國號」只是一艘「夢飛船」而已。

---

7 升至半空的寶雲預備跳降傘。氣球下的條狀物體即為降落傘，跳傘者只需解開與氣球的繫繩，待往下墮時便可張開降傘。（香港歷史飛機協會）

8 二十世紀初的尖沙咀，橫向街道為今日的彌敦道。「鉅子號」當年便是於圖右的空地上升空。（香港歷史博物館藏品）

9「鉅子號」在訊號山下整裝待發，部分人爬到旁邊的藍煙囪碼頭（Holt's Wharf）外牆圍觀。（香港歷史飛機協會）

2 飛機騰飛

一九〇三年美國萊特兄弟（Wright Brothers）的動力飛機「飛行者號」（Flyer）成功飛行後，世界自此邁向航空世紀。遠道東來的飛行家除白人外，當中亦不乏在歐美澳加學習飛行的華僑。當時的飛行科技並未成熟，風險甚高，意外頻生，往往是一場又一場的亡命表演。相對於中國大陸有法國飛行家環龍（Louis Vallon）和「東方萊特」馮如等在眾目睽睽下「戰死沙場」，香港可說是飛行冒險家的一塊福地。

❶

一九一一年一月，湯瑪士．寶雲及其夥伴帶同三架「紅魔鬼」（Red Devil）雙翼機往菲律賓參與表演前途經香港。寶雲本打算在快活谷馬場試飛，但申請遭當局否決，他們惟有建議在沙田或大埔舉行收費表演，但最後仍無法成事，一行人悄然離去。

同年三月，來自法國的比利時飛行家溫德邦（Charles Van den Born,1874-1958）來港，成功成為第一個在香港衝上雲霄的動力飛行者。一九一〇年末，溫德邦一行人帶同三架費文（Farman）雙翼機展開遠東飛行示範之旅，首站是西貢、次站為曼谷。次年二月，溫德邦抵達第三站——香港。透過香港的遠東航空公司（Far East Aviation Company）代為安排，溫德邦順利獲准在沙田試飛。抵港後，工作人員忙於搭建供飛機停放的臨時茅棚和裝嵌飛機。

試飛原定於三月十八日下午進行，數以百計的中外市民乘坐剛通車不久的九廣鐵路到沙田湊熱鬧，包括港督盧押爵士（Sir Frederick Lugard）伉儷和一眾達官貴人。為疏導人潮，當日九廣鐵路需要加開多班特別班次，在場亦有盛大的印度軍樂團演奏助興。但因強風關係，溫德邦不能肯定結構簡單的費文雙翼機能安全起飛，只好在下午四時宣佈表演可能取消。盧押等人大感掃興，呆等至五時許便先行告辭，部分失望的人群亦開始離去，前往火車站返回九龍。眾人離去後不久，風勢轉弱，到五時十分溫德邦在一眾助手的協助下把飛機推出，幾經辛苦終於成功把引擎發動，待機身定好、工作人員跑開後，費文雙翼機便緩緩朝吐露港方向滑行，漸漸加速然後一飛衝天，正式揭開香港動力飛行的第一頁。隨後的個多星期，溫德邦在同一地方再進行了數次試飛，但卻多次因風大和潮漲而臨時取消，市民熱情減退，中西報章亦開始質疑飛機之性能甚至嘲諷溫德

❷

邦，《士蔑西報》更直指表演「令人大失所望」，主辦單位最後惟有減低入場費以吸引觀眾。

三月二十三日，皇仁書院師生獲溫德邦邀請前往參觀，結果成為香港航空史上首宗撞機意外的見證人。《華字日報》的記者有如下記述：「（表演）至將停時機師擬直飛入貯機棚以顯其操縱自如之能，適棚前有數人佇立迫得撥機閃避遂撞於棚側，機前截略有損傷……機師之足……亦受微傷。」飛機旋即修好並表演至二十七日為止，此後一行人起程前往遠東之行第四站——廣州。

總括來說，溫德邦在港的首次試飛毀譽參半，礙於當時飛行技術仍處雛形，飛機飛得不高、不久、不遠，因此沒有贏得英雄美譽，其貢獻就跟當時《士蔑西報》所評一樣僅「向公眾證實了飛行的可行性」。當時在市民眼中，那架弱不禁風的費文雙翼機只是一件大而無當的西洋玩具，而飛行不過是前途未明的奇技淫巧而已。

看飛船火車價目

敬者本月十八十九二十即禮拜六禮拜及禮拜壹一連三日在沙田站頭附近演放飛船及本鐵路特備專車來往沙田每日於上午十一點三十分十二點二十五分一點四十分在九龍站頭開往沙田及由下午五點五十二分六點五十分七點四十五分在沙田開回九龍頭式三等車票在香港尖沙咀碼頭九龍車站均有售賣及來回火船費均在內頭等來回車票收銀二元一毫二等來回收銀一元一毫三等來回收銀三毫五仙所售出之車票兩邊均有刻明號數應附搭第幾輪車來往各搭客新細心察閱切勿混亂但以上鐘數所開之車如搭客太多未滿半坐位則作為罷論或不開行各客須待下輪附搭就是

另有特別專車每日於下午兩點四十五分開往沙田及四點三十分由沙田開回九龍頭等來回車票收銀三元二毫二等來回收銀二元二毫如欲附搭特別專車者可預早購票為荷

又每日另有專車於上午十一點四十分由羅湖開往沙田及下六點三十分由沙田開回羅湖車費照常並無增減

又每日例行之車均照常開行惟祇限頭等坐位六個式等坐十二個

又於十九即禮拜日火車均照常日時間開行

此佈

亥式月十七日

九廣鐵路謹識

1 溫德邦及其費文（Farman）雙翼機。（Musée Royal de l'Armée / 香港歷史飛機協會提供）

2 1911 年費文雙翼機在沙田衝上雲霄的一刻，圖中可見仍留着辮子的華人。（Musée Royal de l'Armée / 香港歷史飛機協會提供）

3 溫德邦駕駛的費文雙翼機被推出機棚時攝。（Musée Royal de l'Armée/ 香港歷史飛機協會提供）

4 溫德邦試飛成為當年社交界的一大盛事。（Musée Royal de l'Armée/ 香港歷史飛機協會提供）

5 1911 年，九廣鐵路為配合溫德邦表演的行車特別通告。

緊接溫德邦而來的是飛行家高文斯基（A. Kouzminsky），據稱是俄羅斯大文豪托爾斯泰（Leo Tolstoy）的外甥。繼北京、天津、漢口和澳門的飛行表演後，高文斯基於一九一二年十二月十四日在沙田駕駛他的貝萊里奧（Bleriot）單翼機升空。時值辛亥革命後華洋關係緊張之際，電車公司拒收廣東錢幣而引發「杯葛電車運動」，港島亦曾發生華人騷動，因而只有旅港洋人乘坐九廣鐵路前往參觀。是次飛行歷時二十五分鐘，高文斯基一度飛到二千呎高空，但因時局動盪華人無暇理會，亦鮮有華人報章前來採訪，表演最後落得冷冷清清。

雖然溫德邦首次將飛機帶入香港，但論對整體社會的影響力則以美籍華人青年飛行家譚根為第一人。在天時地利人和的配合下，譚根在港的試飛空前成功，憑着個人性格、技術和時勢，他進一步把飛行的觀念帶進香港人的思維裏，難得的是他不單成為當時華人民族主義的一個圖騰，更贏得香港洋人的愛戴。

譚根（1889-1925）於舊金山出生並在一九一〇年畢業於加州的飛行學校，同年以自製的船身水上飛機奪得芝加哥萬國飛機製造大會的水上飛機組冠軍，又以八千八百呎高飛越菲律賓馬榮火山，成為飛行高度的世界紀錄保持者，並擁有世界各地多項飛行競賽的優異成績。一九一五年六月，譚根前往中國途中來港表演，受到香港市民英雄式的款待。譚根抵港當日，在卜公碼頭迎接的群眾和樂隊規模比任何一位港督來港履新時，都有過之而無不及。時值廣東水災及第一次世界大戰，譚根宣佈將表演六成收益捐贈大陸救災及英國皇家飛行隊（Royal Flying Corps）參戰之用，因而備受中西傳媒和政經要人的吹捧。譚根歷年在外地的多次飛行活動都由攝影師拍成長二千餘呎並附有中文字幕的影片，該片更在正式表演前連續數晚在戲院放映。與先前來港的西方飛行家相比，譚根試飛更富深一層意義，一九一五年八月三日《華字日報》刊登的宣傳可見一斑：

「譚根君固中國航空家之先覺，抑亦世界飛行界之偉人者也。此次開演，實為華人在港開演飛機之第一次……為祖國光榮者在此，為華人生色者亦在此。……今得譚君以為之倡，

譚根使用蜆殼氣油……你呢？

—— 一九一五年蜆殼石油告白，可見譚根已成為港人偶像、廣告界寵兒

登高一呼，萬由俱應。而今以後，國人研究飛行事業之興味，當然引而彌長，則其影響於物質文明之將來，寧曰淺鮮。」

八月七日及八日舉行的表演成為空前的大型嘉年華，除當時身在外地的港督梅軒尼爵士（Sir Francis H. May）未有到場外，香港的政經要人大部分皆有到場觀摩。兩日前後共有逾萬人次到場參觀，期間有青年會及聖約瑟樂團助興，港府並派出四百名軍警在場維持秩序。在其兄弟譚榮和美籍助手的協助下，譚根以自製的水上飛機於沙田進行多次升空，每天歷時數小時。譚並數次載客飛行，不分華洋、男女、老幼皆載，表演時譚又跟觀眾拍照，與人群打成一片。稍後譚移師澳門，於八月三十一日當天飛至九千四百六十呎高空，宣佈再一次打破自己的紀錄。

一九一六年譚根在香港迎娶富商千金。未幾，美國、日本和中國當局都紛紛向譚招手，重金禮聘他協助培訓空軍飛行員。譚根最後選擇到條件最差的廣東執教，但因在動盪的政治夾縫中生存困難，最後改而定居香港從商。雖然譚後來已放棄飛行事業，但仍一直為中西人士所愛戴，一舉一動都成為中西傳媒的話題。

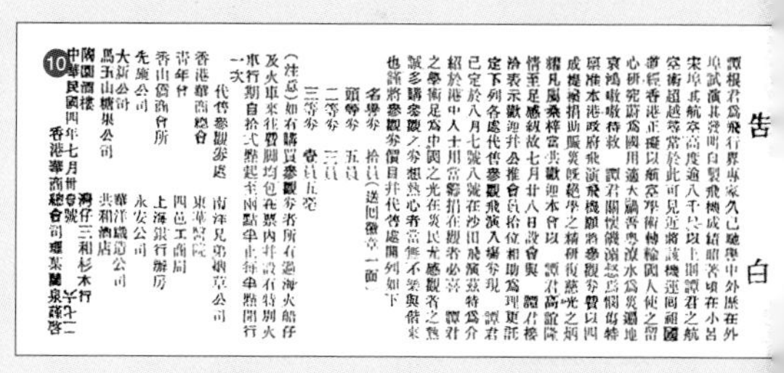

告白

譚根君為飛行界專家久已馳譽中外歷在外埠試演其發明自製飛機成績昭著頃在小呂宋埠其航空高度逾八千尺以上聞譚君之航空術超越尋常於此可見近將該機運回祖國道經香港正擬以航空學術轉輸國人俾之留心研究蔚為國用適大澍香粵潦水為災遍地哀鴻嗷嗷待救 譚君關懷饑溺惄焉惻傷特稟准本港政府飛演飛機願將參觀券費以四成撥捐助賑災既絕學之精研復慈光之炳耀凡屬桑梓當共歡迎本會以 譚君高誼隆情至足感紉故七月廿八日設會與 譚君接洽表示歡迎并公推會員拾位相助為理更詳定下列各處代售參觀飛演入場券現 譚君已定於八月七號八號在沙田飛演茲特為介紹於港中人士用當籌捐在觀者必喜 譚君之學術足為中國之光在災民尤感觀者之熱誠多購參觀之券想熱心者當無不樂與偕來也謹將參觀券價目并代售處開列如下

名譽券 拾員（送回徽章一面）
頭等券 五員
二等券 三員
三等券 壹員五毫

（注意）如有購買參觀券者所有過海火船仔及火車來往費腳均包在票內并設有特別火車行期自拾弍點起至兩點半止每半點開行一次

代售參觀券處

香港華商總會 南洋兄弟烟草公司
青年會 東華醫院
香山僑商會所 四邑工商局
先施公司 上海銀行辦房
大新公司 永安公司
馬玉山糖果公司 華洋織造公司
陶園酒樓 共和酒店
灣仔三和杉木行

中華民國四年七月卅一號 香港華商總會司理葉蘭泉謹啓

自譚根後，直到一九二一年才再有飛行家來港表演，他是加籍華人林安。林安於一九一七年在加拿大沙斯加寸城入讀當地由國民黨和華僑籌辦的中華革命黨強華飛行學校，畢業後購置了一架多倫多製寇蒂斯（Curtiss） JN-4C「珍妮」（Jenny）雙翼機來港大顯身手，但是次表演卻被報章賜以「觀演飛機者之大掃興」一標題為終結。

林於一九二一年二月為華北水災在快活谷馬場作飛行義演，飛機原定先由九龍升空，飛越維多利亞港後沿中區、金鐘及灣仔最後飛抵快活谷，惟不幸於馬場附近的樹林中失事墜毀，機毀人傷。事後林安硬着頭皮向前來捧場的楊仙逸和劉鑄伯等人解釋因強風關係出事，並向各界保證將一力承擔維修費用，絕不會挪用善款，據報在場人士「大為嘉許」。事後林安仍留在香港，等待再次高飛。

---

6 圖為停放在沙田的高文斯基貝萊里奧單翼機。（香港歷史博物館藏品）

7 與溫德邦試飛的照片相比，高文斯基除觀眾較少外，是沒有華人的份兒。（香港歷史博物館藏品）

8 譚根在吐露港駕駛自製的水上飛機，攝於 1915 年。

9 1914 年譚根（持獎杯者）在馬尼拉飛行表演時攝。

10 圖為 1915 年譚根的表演廣告，注意當時的參觀券價目共分四種。

為何總是在沙田試飛？

湯瑪士・寶雲、溫德邦、高文斯基和譚根的試飛都不約而同選在沙田這地方，為何他們不到市區表演呢？若港府純粹對飛行安全有保留，大可以規定飛機只能在維多利亞港上空飛行，這還可以讓更多人在「維港」兩岸參觀，何樂而不為？其實最關鍵的障礙就是顧及防衛需要。

第一次世界大戰（1914-1918）爆發前後國際局勢變幻莫測，英國為保衛香港及其在華利益，對飛行活動尤其保守。英軍在香港境內（尤其是「維港」兩岸）設立了很多軍事設施如鯉魚門炮臺、金鐘軍營及皇家船塢等，讓外國人在香港上空自由駕駛飛機是一件相當敏感的事，若當中有間諜行為就是引狼入室。故當時港府立例禁止在沒有批文的情況下駕駛飛機，同時亦禁止飛機升至九百呎以上高空飛行，此高度限制令飛機在「維港」上空表演的活動範圍和自由度大減。不過，此例對境外起飛的飛機並無約束力，這一漏洞同為當時中西報章所詬病。除此以外，主辦單位亦因商業考慮而樂於選擇在沙田表演，一方面該處遠離市區並且三面環山，成為一個天然屏障可以阻擋人們在外圍「免費欣賞」；其次，那時九廣鐵路剛好通車，令沙田足以應付大量人流。

以上種種因素就促使沙田成為香港的首個「臨時機場」。而事實上，沙田的確曾在一九四九年後有過一個小型單跑道機場供英國皇家陸軍航空隊使用，該機場於一九六二年被颱風溫黛摧毀，最後於七十年代初開發沙田新市鎮時拆卸。

五十年代的沙田軍用機場，跑道兩端即今天的香港文化博物館和帝都酒店。（香港歷史飛機協會）

二十世紀初的沙田。（香港歷史博物館藏品）

3 航空冒險家樂園

具生意頭腦的歐美人士早就知道飛行是一盤有利可圖的大生意，飛機面世十年後，商業空郵、空中觀光、客貨運和飛行學校已陸續出現。第一次世界大戰結束後，歐美各國皆有不少退役飛機和飛行員四處尋找出路一展所長，並紛紛爭奪長途飛行王者寶座或矢志成為航空大亨。作為華南地區的大門，香港自然成為冒險家的試驗場。二十年代初，除取道香港進行飛行探險的飛行家外，兩位法國和美國的創業先鋒先後東來，他們一個帶着水上飛機在太平山下尋覓美夢，另一個則以陸上飛機在獅子山下創造傳奇，成為香港的航空業先鋒。但當時香港和華南的商業飛行市場未成氣候，結果宏圖未展，雙雙悄然離去，各自返回老家另謀發展。

於香港出生的德里庫（Charles de Ricou,1881-1961）在法國成長，第一次世界大戰期間於法國空軍服役，曾長期於法屬支那的電力公司工作。一九二〇年初，遠東航空公司及德里庫成立澳門空運公司（Macau Aerial Transport Company），購入十一架美國海軍的退役水上飛機並招聘了十多個退役海軍飛行員和工程人員，打算以港澳為基地經營來往廣州、上海、馬尼拉、西貢及海防等地的客貨運服務。經營初期，德里庫只能以寇蒂斯「海鷗型」（Seagull）水上機開辦港澳航線，亦有應乘客個別要求飛往海防和廣州等地，當時該公司飛機於維多利亞港西面升降。但港府一再以保安理由嚴禁德里庫的飛機在海港一百五十呎以上的高度飛行，這規定迫使飛機要在維多利亞港外圍降落，否則在繁忙的「維港」內低飛會與船隻相撞，結果空中航程只需約十八分鐘，但卻每每要花二十多分鐘才能返回中區海旁靠岸。

1 德里庫（前排站立者）與澳門空運公司的機組成員。（Mme. de Ricou / 香港歷史飛機協會提供）

2 艾爾馬林 39B 型停在新落成的淺水灣酒店旁。（Mme. de Ricou / 香港歷史飛機協會提供）

香港的條件非常吸引，要推廣飛行，一切只待權貴和港督的青睞。

—— 一九一〇年《南華早報》專訪一家鋭意來港發展的法國飛行公司

一九二〇年六月初英皇佐治五世壽辰期間，德里庫為宣傳該公司的航空服務和向市民證明飛機是安全的交通工具，特別帶同他的寇蒂斯 HS-2L（俗稱「大鴨婆機」）及另外三架艾爾馬林（Aeromarine） 39B 型水上飛機（俗稱「小鴨婆機」）在淺水灣進行一連四天的航空推廣日，吸引了數以百計的中外人士參觀。其間該公司共接載超過一百位官商名人試飛，包括港督司徒拔爵士（Sir Reginald Stubbs）和岸邊新落成之淺水灣酒店東主艾利斯・嘉道理爵士（Sir Ellis Kadoorie）。礙於常遭到省港澳三地政府的留難和財政出現問題，「澳門空運」在經營困難下於一九二一年末結束營業，而德里庫則於一九二四年返回法國。

亞拔（Harry Abbott, 1899-1930）在第一次世界大戰期間於美國海軍潛水艇艦隊服役，戰後加入花式飛行隊在美國各地巡迴表演，以示範跳傘和在高空中徒手爬出機翼行走而聞名。一九二二年，支援「航空救國」的孫中山委派楊仙逸從加州招攬航空人才為國民政府效力，結果與亞拔一拍即合並委託他於加州訓練華人飛行員。次年訓練完成後，亞拔決定到中國大展拳腳，先在上海和廣州等地的飛行隊服役，並參與討伐軍閥的任務。賺得一筆可觀的報酬後，亞拔南下香港矢志建立他的空中王國。

到達香港後，亞拔向林安買下了當時香港唯一的一架飛機—— 一九二一年時被林撞毀的寇蒂斯雙翼機。二人合力修好該機並成功於一九二四年作數次試飛，其間亞拔經常表演他的亡命絕技，成為城中名人。但由於亞拔的飛機太殘舊，故表演時常有機件毛病甚至是小意外，致使當時社會對亞拔毀譽參半，甚至有人公開反對容許他繼續飛行，以免他會把飛機撞向中區的酒店商廈。不過亞拔並未放棄，次年成立了商業航空公司（Commercial Aviation Company），並租下九龍城啟德濱的六十畝空地，打算在那兒開設飛行學校及開辦來往內地與香港的空運服務。該公司在啟德新填地東端蓋建簡單的茅棚以作機庫，奠定了啟德日後

成為機場的基礎。飛行學校很快便於次年一月二十五日農曆年初一開業，名為亞拔飛行學校（The Abbott School of Aviation），以兩架寇蒂斯雙翼機經營空中觀光和作授課之用。開業當日亞拔大事慶祝，並舉行飛行及跳傘表演，但可惜表演時發生意外，其跳傘拍檔在空中降落到九龍灣時當場溺斃。

往後亞拔飛行學校的生意只屬一般，另外的空運生意原定於同年六月開業，不過後來因財務問題而胎死腹中，最後連航校也因經營困難而於八月結束。亞拔後舉家返回加州再創事業，但不幸於五年後的一次表演中發生墜機意外，英年早逝。

GRAND AERIAL
EXHIBITION
H. W. Abbot & his Sky Demons
Hair Raising Aerial Acrobats
First Performance of this kind
in the
ORIENT
Death Defying Parachute Drop
Sensational Broncho Busting
Mysterious Surprise Drop
Aerial Combat
Tail Spin - etc
Wing Walking - etc
Tickets are on Sale at all Clubs
Price $2- Portion will go to
THE TUNG WAH HOSPITAL
We Need Your Support
2.30 p.m. Sunday, May 4th.
RACE COURSE

3 遊人除了集結在海灘上觀看外，亦有部分乘船出海觀看。（Mme. de Ricou / 香港歷史飛機協會提供）

4「航空日」成為達官貴人聚眾一堂的大日子，淺水灣酒店外泊滿名貴汽車。（Mme. de Ricou / 香港歷史飛機協會提供）

5「航空日」當天德里庫機隊在淺水灣進行飛行表演。（Mme. de Ricou / 香港歷史飛機協會提供）

6 在啟德新填地上馳騁中的 JN-4C 雙翼機。（Dan-San Abbott / 香港歷史飛機協會提供）

7 亞拔（左）與飛行學校開幕當日跳傘溺斃的厄恩蕭（Reg Earnshaw）。（Dan-San Abbott / 香港歷史飛機協會提供）

8 1924 年亞拔在跑馬地舉行的飛行表演廣告中，聲明將部分收入捐贈東華醫院。（Dan-San Abbott）

除航空創業者外，香港亦是各國飛行探險家亮相的舞臺。由大型的空軍飛行隊到憑着匹夫之勇上路的一人飛機，香港成了多次長途飛行創舉的中途站，為市民提供多次「趁墟」的好機會。在芸芸探險飛行旅程中，最先到港及最著名的要數一九二四年美國陸軍飛行隊首次的環球之旅。機隊由四架雙翼「道格拉斯世界巡航機」（Douglas World Cruiser）及八名正選機員和兩名後備組成，機隊先後在馬丁少校（Major Frederick L. Martin）和史密斯中尉（Lt. Lowell H. Smith）的帶領下於四月六日由美國西雅圖起航，甫出發他們便需要克服無數的機件故障和惡劣天氣，在亞拉斯加時更有一架飛機撞毀，導致兩名隊員退出。餘下三架飛機經蘇聯和日本後到達中國。六月八日，機隊自廈門飛抵香港，它們由鯉魚門飛進維多利亞港，最後在昂船洲對出海面降落。隊員在深水埗標準石油公司碼頭登岸後受到港督司徒拔爵士及群眾的熱烈歡迎。兩日後，機隊從維多利亞港起飛，朝下一站海防出發，再踏征途。機隊後來沿印度、中東、歐洲、英國、格陵蘭、加拿大（再有一架撞毀）、美國東部及中部，成功於九月二十八日飛返西雅圖，完成全長四萬四千多公里的首次環球飛行，總飛行時間為三百七十一小時十一分鐘、飛行速度為每小時一百一十二公里。

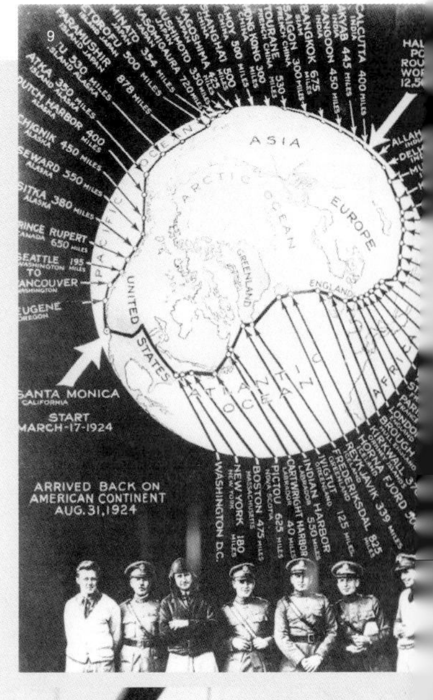

與此同時，另一支爭奪世界第一殊榮但最後敗於美國的英國環球飛行隊亦於同年六月三十日自英國抵港，香港自此成為多次飛行探險的中途站。二、三十年代期間，歐美多隊飛行隊也紛紛到港補給，使「維港」上空越趨熱鬧。

我愛飛行員！

二十年代從影時的李旦旦。

三十年代的香港貧富懸殊，隨着曾令全港上下愛戴的已故飛行英雄譚根漸漸被淡忘後，航空對普羅百姓來說只是遙不可及的權貴玩意。其後再一次把飛機和大眾距離拉近的可說是上海電影女星李旦旦。李旦旦原名李霞卿，一九一二年於廣州出生，精通英法文、騎馬及駕駛汽車，父親為上海富商李應生。一九二六年香港民新影片公司創辦人黎民偉與李應生合辦上海民新影片公司，年僅十四的李旦旦自此展開了銀色旅程，先後參演《海角詩人》、《天涯歌女》、《西廂記》和《木蘭從軍》等著名電影，深受華人歡迎，並與王人美、林楚楚及阮玲玉等成為民新電影公司的臺柱。

一九二九年李旦旦息影並遠赴歐美遊學，據載曾於瑞士和美國加州學習駕駛飛機。一九三五年末李起程返回中國，翌年初曾在上海作過飛行表演和兩次越省長途飛行，令海內外華人社會捲起一陣「李旦旦熱」。抗戰期間，李旦旦多次駕駛飛機穿梭南北美多國為抗戰籌款和為救國運動宣傳，但卻不幸於戰爭結束前的一次飛行中失事遇難。對於李在香港的活動到日前仍未有一個統一的說法，有說她曾在香港受教育及於一九三六至三九年間參與香港的私人飛行活動，也有說她曾在港當見習飛行員，但可以肯定的是，喜愛電影的香港市民也跟上海的影迷一樣，愛上這位翱翔萬里的女中豪傑。

李旦旦，攝於三十年代的上海機場。

9 「道格拉斯世界巡航機」部分機隊成員及所到之處。（香港歷史飛機協會）

10「道格拉斯世界巡航機」機隊經鯉魚門進入香港的情形，攝於 1924 年。（香港歷史飛機協會）

11 亞拔的其中一架 JN-4C，漆有南洋兄弟煙草公司的廣告，畫中的女郎呼出一團寫着「請吸南洋兄弟煙草公司香煙」的煙圈。（Dan-San Abbott）

12 亞拔飛行學校的機棚及機隊。（Dan-San Abbott / 香港歷史飛機協會提供）

4 民間飛行組織

跟其他亞洲商埠一樣，香港一直都是西方飛行界嚮往之地，但本地民間飛行之風卻遲遲未開，一直到二十年代末才露出一絲曙光。香港政府意識到鼓勵民間飛行之重要後，火速讓香港趕上其他城市的步伐，並漸漸發展成區內其中一個民間航空訓練中心。日本侵港之前的十多年間，隨着大陸城市一個接一個淪陷，香港便成為華洋紳商的臨時避風塘，一時成為人財薈萃之地。在局勢風雲變色之際，無論是為娛樂或為保衛家園，更多人欲嘗一飛衝天。

二十年代末以前，香港商用飛行既未成形，港府亦未注意培育飛行人員以備空防所需，故民間飛行發展困難重重，使不少來港謀求發展的飛行生意人失望而回。一九二〇年七月，香港總商會（Hong Kong Chamber of Commerce）的一班熱心洋商成立了香港飛航會（Hong Kong Aero Club），打算效法祖家般有組織地推廣飛行運動和培養航空人才。但在缺乏政府的支援下，該會沒有會址、沒有機場、沒有飛機、沒有飛行員，只成為一個「紙上談飛」的航空組織。事實上，當時香港的飛行風氣尚未盛行，除持「積極不干預」態度的港府和保守的華人外，就連洋人社區亦一直對飛行安全存在憂慮，亞拔來港時英文報章就曾有以下反對飛行的讀者來函：

「當想到駭人的災難便心寒，若飛機撞上山頂纜車、天星小輪、繁忙大街上的電車、香港大飯店、先施百貨大廈或任何一間醫院和住宅都必定會引發火警……若是船塢、荔枝角油庫、滿載乘客的船隻更是不堪設想……我呼籲亞拔先生臨崖勒馬，停止試飛。」

二十年代中後期，大陸局勢動盪，促使香港政府不得不考慮空防問題。於是在重視航空發展的港督金文泰爵士（Sir Cecil Clementi）主政下，香港空軍及啟德機場先後誕生，為民間飛行提供了基本而關鍵的條件。此外，港府更開始直接資助民間飛行活動。當然，港府協助發展民間飛行並非只想為居港洋人提供快活谷和香港會所（Hong Kong Club）以外的新社交場合，其真正目的是要培訓後備飛行員以防衛香港。

若有足夠誘因，明年初香港（及西貢、上海）將可成為遠東三大飛行訓練中心。

—— 一九一〇年《南華早報》專訪一間鋭意東來的法國飛行公司

一九二八年，英國皇家空軍退役人員溫福拿（R. Vaughan Fowler）來港擔任遠東航空公司經理。他希望在香港開創空運生意和成立飛行組織，可説是生得逢時。當時的港督金文泰在急需空防人才抵禦「中國威脅」的大前提下亦大力支持航空活動，於是港府全數資助該會所需的六萬元成立費及每年三萬元的營運開支，香港飛行會（Hong Kong Flying Club）最後於一九二九年十二月二十日宣佈成立，出席嘉賓包括金文泰、何東、羅旭龢和周壽臣等官商人士。香港飛行會成立初期有兩架愛弗羅（Avro）「愛弗安型」（Avian）雙翼機，並在啟德濱購置一所兩層高的房子作會所，會員約有五十人，成員絕大部分是居港洋人。此外，飛行會又從英國聘請飛行教練和飛機工程師，運作漸有規模。但後來該會先後發生飛機損毀、機棚大火、教官離職、內部人事糾紛和資金不足等問題，最後於一九三三年終悄然結束。

遠東航空公司是戰前以香港為基地的一間航空器材貿易公司，為香港同業中歷史最久、規模最大的。其業務以向遠東地區銷售飛機為主，對象主要是大陸軍閥和私人團體，亦經常舉辦和贊助飛行活動以招攬生意，一九一一年溫德邦的歷史性試飛便是其一。溫福拿加入遠東航空後積極拓展業務和飛行事業，有鑑於香港飛行會經營不振，遠東航空便向港府提出將原屬飛行會的資助轉給其新成立的子公司遠東航空學校（Far East Flying Training School），雙方最終達成協議，航校於一九三三年十一月七日成立。

1 飛抵啟德機場的「瑞安」單翼機，攝於 1929 年。（民航處）

2 溫福拿（右）與香港首架註冊的飛機——編號 VR-HAA 的香港飛行會「愛弗安型」雙翼機，攝於 1930 年。（民航處）

3 遠東航校機隊，攝於 1935 年。（H. K. Watt / 香港歷史飛機協會提供）

遠東航校校址設於啟德機場西端，有教室、機庫、零件庫、工場和宿舍等；飛機則有五架愛弗羅雙翼「教練機」（Tutor）及雙翼「學員機」（Cadet）。校方由英國聘請皇家空軍退役飛行員和工程師來港執教，提供的課程包括商業飛行執照、私人飛行執照、花式飛行、跳傘和飛機工程等，開校初年已有約二十名飛行學員和四十多名工程學員，學員來自世界各地，包括在港澳僑居的洋人、本地華人、海外華僑、內地地方政府派來的學生，甚至埃及、印度和東南亞的留學生等。開校首四年共有三百一十六名來自二十多個國家的男女學員畢業。除平民外，遠東航校亦為香港義勇軍航空部隊（Hong Kong Volunteer Defence Corps Air Arm）訓練隊員。此外，遠東航校亦有開辦空中暢遊的生意和每日為香港皇家天文臺收集氣象資料。

一九三九年日軍迫近香港，校內教官被徵召入伍。香港淪陷期間，遠東航校被迫關閉，所有飛機和器材均被毀或沒收，校址被日軍夷平，外籍教官則被送往集中營。

4

5

6

7

4 遠東航校招攬對象除海外學員外，便是居港洋人和「高級華人」，故廣告以英文為主，鮮有在華文報章刊登。

5 三十年代遠東航校的校址，圖中可見當時的九龍城一帶仍是大片農地。（香港歷史博物館藏品）

6 遠東航校的撒魯（Saro）「卡蒂薩克」（Cutty Sark）水陸機。（民航處）

7 學員在皇家空軍機庫檢查一架「學員機」，圖右的一群為廣西政府派來香港的學生。（H. K. Watt / 香港歷史飛機協會提供）

8 1936 年遠東航校的師生大合照，圖中可見不同國籍的學員。（H. K. Watt / 香港歷史飛機協會提供）

9 三十年代遠東航校的學員在引擎測試設施前合照。（H. K. Watt / 香港歷史飛機協會提供）

10 遠東航校零件維修工場，攝於 1935 年。（H. K. Watt / 香港歷史飛機協會提供）

不一樣的空中暢遊

香港飛行會及遠東航校一直經營空中暢遊生意，除了傳統的空中觀光外，偶然也會有一些特別的租戶。一九三二年聖誕節期間，百貨業翹楚先施百貨公司就租用過香港飛行會的一架「愛弗安型」雙翼機作聖誕減價廣告宣傳。該公司派出演員扮演聖誕老人乘坐飛機飛到市區上空，然後在半空散發大批色彩繽紛的小型降落傘，每個降傘上都掛上先施購物贈券，其別出心裁又一擲千金的宣傳手法成為一時佳話。

租用遠東航校飛機一嘗衝上雲霄滋味一向是富戶的消閒玩意，對社會大眾而言並無意義。但在炮聲漸聞的日子裏，當飛機落在新聞記者手上，就會變成一場不一樣的空中暢遊。一九三八年十月十五日，日軍侵佔廣州並有南下香港之勢，頓時全城謠言四起，有說日軍封閉了九廣鐵路、有說大軍已殺入深圳，令香港人人心惶惶。

為求真相，《德臣西報》（*China Mail*）的特約記者華生（R. A. E. Watson）於十月十七日早上趕赴「啟德」，租用遠東航校的迪哈維蘭 DH-87「透翅蛾式」（Hornet Moth）雙人訓練機，由該校教官駕駛飛越大帽山後直往廣東省，並深入多處低空視察，「採訪機」足跡遍佈深圳、汕頭、平湖、樟木頭、淡水、龍崗、南頭、大亞灣及后海灣等地。經親身視察後，華生馬上執筆趕稿，於當日傍晚出版的《德臣西報》頭版上肯定地宣佈：日軍絕跡於十五哩範圍內。報道中詳細描述廣東省南部一帶的天氣和情況，並分析各處皆無海陸空戰鬥過的跡象，從而斷定日軍並未迫近香港。消息稍後並得落馬洲警署證實。除此以外，華生亦低飛至一千呎半空觀察沿途難民南逃的情形，把他們扶老攜幼徒步走難的苦況向公眾披露。大半個世紀前華生的拼勁實在與今天的香港記者不遑多讓。

"RICKSHAW" BRAND CEYLON TEA SOLD BY ALL COMPRADORES.

CHINA MAIL

OLDEST NEWSPAPER IN THE FAR EAST. ESTABLISHED 1845.

INSIST ON Daisy Brand AUSTRALIA'S CHOICEST BUTTER

MONDAY, OCTOBER 17, 1938

NO JAPANESE IN 15-MILE RADIUS

"China Mail" Air Reconnaissance Puts End To Rumours

(By R. A. E. WATSON)
(Copyright).

After a flight in a plane specially chartered this morning, in order to clear up nebulous reports of close approach of Japanese troops to the Hong Kong border, and of the cutting of the Kowloon - Canton Railway, I can state definitely that there are no Japanese troops within a 15-mile radius of the border and that yesterday's tentative landing at Po On has been abandoned.

There are no Japanese warships or transports off the Namtau Peninsula, the Japanese have not reached Shatau, just outside the New Territories border, and there is a complete absence of military activity on either side of the railway from Shumchun to Lilong.

Only movement on the Chinese side of the road leading from Kwangtung into Sheungshui, is that of refugees, who are now swarming into British territory in hundreds.

ALTHOUGH PINGWU, WHERE THE JAPANESE ARE RUMOURED TO HAVE CUT THE RAILWAY, WAS PARTIALLY OBSCURED BY HAZE, THE SURROUNDING COUNTRY SHOWS NONE OF THOSE SIGNS WHICH USUALLY ACCOMPANY A MILITARY ADVANCE.

Both the pilot, Flight-Lieutenant Longfield, and myself, therefore came to the conclusion that Japanese claims to have reached the Railway are premature.

From a height of 8,000 feet above the British border we had a perfect view of the country west of the railway, and could see as far as a line drawn from Cheungmuktau on the K.C.R. to Tamshui.

Not only were there no burning villages, but not a single Japanese plane was in the air.

SUPERB VIEW

EX-EDITOR FOUND BEHEADED

PEACEFUL APPEARANCE

SHATAU NORMAL

(Continued on Page 21)

WHEN YOU BUY ON PRICE

1938 年《德臣西報》（*China Mail*）有關日軍行蹤的報道。

1932 年聖誕節期間，先施百貨租用一架「愛弗安型」雙翼機作聖誕宣傳。（香港歷史博物館藏品）

5 啟德機場的誕生

到二十年代中，越來越多飛機劃破香港的天空——計有亞拔的訓練機、世界各地訪港飛行家的探險機隊，以及皇家海軍的軍用飛機，香港是時候需要一個飛機場了。眾所周知，香港山多平地少，當時大幅的平地只有天然的元朗平原和人造的九龍灣啟德濱，雖然早於一九二八年便有顧問向港府建議在錦田興建機場，但啟德始終以坐擁香港唯一的天然資源——維多利亞港而脫穎而出，成為往後七十多年香港航空的中央舞臺，並在世界航空史上名垂青史。

啟德填海工程的誕生及往後機場的出現，都受着當時中英以及香港的政治、經濟和社會因素所影響。一九一一年辛亥革命前後大量難民湧入香港，為解決房屋短缺，一班華商在一九一四年成立了啟德營業有限公司（Kai Tack Land Investment Company Ltd.），向港府申領九龍灣填海作發展高尚住宅區之用，新填地被稱為啟德濱。工程於一九一六年開始，起初進展順利，但至二十年代初受到工潮及經濟倒退的影響，啟德興建住宅區的大計未能如願，三期工程中只有首期西部新填地成功發展成住宅區，其餘新填地則被空置或尚未完成。而首期東部空置的約六十畝填地，則於一九二五年先後租予亞拔飛行學校和皇家海軍航空母艦「赫米斯號」（H.M.S. Hermes），供停泊訪港戰機之用，這為啟德濱後來發展成飛機場奠下了基礎。

1 1927 年的啟德機場，當時「啟德」中部仍未填好，機場只有一些茅棚和戰機。（民航處）

2 啟德機場岸邊設有起重機，以便把水上飛機吊返岸上停泊。（民航處）

在香港和新界也找不到如此理想的地方興建機場，若果選址啟德不能成事，則別無選擇。

—— 一九二六年金文泰致英國殖民地部報告

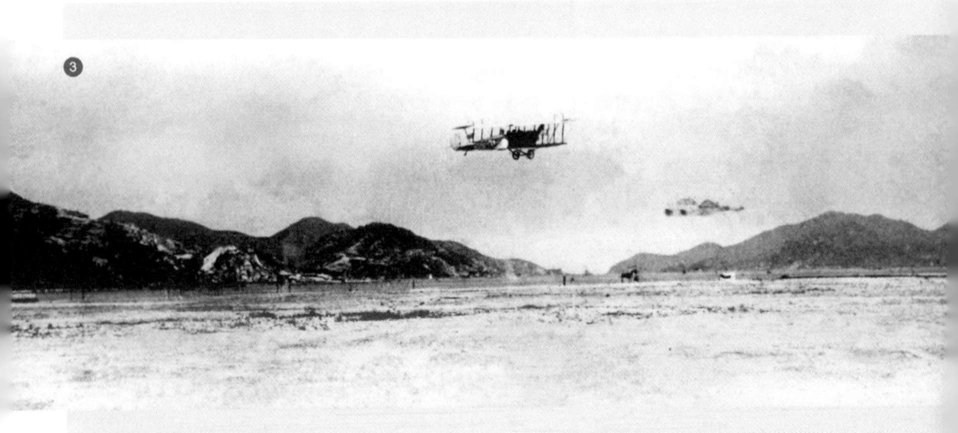

當啟德濱的「花園城市」大計進一步受一九二五年省港大罷工打擊之際，港府及英國當局正開始積極物色興建機場的地方，此時啟德之名呼之欲出。《香港孖喇沙西報》（*Hongkong Daily Press*）在一九二八年八月的一篇評論正好說明了選址啟德興建機場的箇中理由：

「（啟德）機場的選址非常理想，因為它把一個大型飛機升降場和一個極好的水上機場合二為一，歐洲各大重要城市也沒有這種機場，倫敦的克洛頓（Croydon）機場就因為未能水陸兩用而地位日漸下降。若果不能在啟德建造水陸兩用機場，香港便需要分開興建兩個機場……完成後，香港將會擁有世界上其中一個最好的機場。」

一九二七年，港府乘着啟德公司陷於破產邊緣，以一百萬元購入啟德填地並成立皇家空軍啟德基地，再以二百七十萬元完成餘下填海工程和興建機場。當年的啟德機場（簡稱「啟德」）跟今天的赤鱲角新機場不同，因為新機場在動工以前已經有了詳細的計劃，亦有一個明確的啟用日期；當年的「啟德」卻是一面興建、一面使用和不斷提出修改計劃的。啟德機場的基本工程於一九三〇年完成，當時的機場設備十分簡陋，配套建築不多，起初只有少量平房和茅棚，整片土地也是一塊半草半沙的平地而已。而因為當時的飛機體積細小而升降程序簡單，只需逆風進行便可，故此連固定跑道亦欠奉，更沒有夜間升降照明系統，因此基本上機場只於日間運作。

3 亞拔的雙翼機朝九龍灣方向起飛。早期「啟德」只是一塊空地，飛機毋須固定跑道升降。

4 水上戰機若要返回「啟德」陸上停泊，必須先要被岸邊的起重機吊起，然後在浮筒上配上小滾輪，再拖到適當的停機坪。（香港歷史博物館藏品）

5 圖為 1930 年的啟德機場，當時「啟德」的中部雖已填平，但仍只是半草半沙的平地而已。（*Gau Lung*）

6 颱風是「啟德」另一個大敵，圖中可見機棚被颱風破壞後的情形，攝於 1927 年。

7 早期「啟德」的茅棚經常招惹祝融，空軍人員惟有每次都急忙把戰機推離機棚。（民航處）

「啟德」命名的由來

九龍灣填海工程的倡議人是伍廷芳，在伍氏的提議和何啟的領導下，區德、曹善允、周少岐、周壽臣、伍朝樞和張心湖等華商成立了啟德營業有限公司，以開展地產大計。「啟德」一名就是以何啟及區德命名的。過往眾多掌故書籍常說啟德機場一名是為紀念何、區兩位機場創建人，但何、區二人卻是先後於一九一四及一九二〇年離世，當時尚未有興建機場的想法，故根本與機場無關。其實，九龍灣填地早在二十年代初就被稱作啟德填地或啟德濱，啟德機場一名只是以地名命名，並非紀念對香港航空發展毫無直接貢獻的何、區二人。

1921 年啟德營業有限公司的廣告。

從前的掌故總稱呼何啟為「興建啟德的富商」，但其實啟德公司正是這位一代華人領袖晚年坎坷的寫照。早年何啟的英籍妻子雅麗氏在港病逝，傷痛的何啟捐出大量金錢去興建雅麗氏紀念醫院（即今日之那打素醫院），加上理財不善而陷於破產境地，多年來靠向區德等人借貸度日，後來他們決定成立啟德公司以便「支薪」予何啟。「啟德大計」仍未正式開始，何啟便在貧病交迫下猝死，留下十六名遺孤及第二任妻子，啟德公司董事之一的韋玉惟有致函港督要求港府資助他們的學費。

二十世紀初的「玫瑰園計劃」

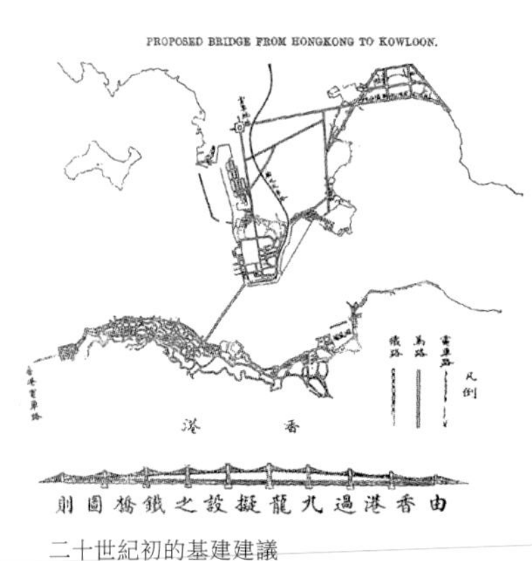

二十世紀初的基建建議

今天的赤鱲角新機場、青馬大橋、西區海底隧道、機場鐵路、西九龍和中區填海區及東涌新市鎮等，都是九十年代著名的「玫瑰園計劃」的產物，而啟德機場則可說是二十世紀初的「玫瑰園計劃」的意外收穫。當時香港需要大量基建以應付急速的發展，雖然當時港府沒有像衛奕信年代一樣提出一個宏大的「玫瑰園計劃」，但官方和私人提出的基建大計卻像雨後春筍般出籠。

在一九二一年《德臣西報》的一篇有關九龍灣填海工程的專題報道中，就曾提及當時的其他計劃，還刊出一幅二十世紀初的香港基建藍圖，當中包括：已投入服務的港島電車（1904）和九廣鐵路（1911）、建築中的啟德濱新市鎮，及建議中的維港大橋和九龍電車。建議中的維港鐵橋由尖沙咀廣東道一直通往中環畢打街，可供行人、人力車、汽車和電車使用。九龍電車總站則建議設於彌敦道和英王子道（太子道）交界，路線沿上述兩條馬路伸延至啟德濱和天星碼頭並再過橋前往港島。但二十年代中以後的經濟大衰退和其他因素使這些計劃成為泡影，啟德濱也改為機場，否則香港可能早就有了「尖環大橋」、「港九電車」和「錦田機場」！

6 啟德機場的演進

到三十年代末，啟德機場已發展成香港軍用、商用和私人飛行的大本營，設施和營運都日漸成熟。「啟德」成立十年間的演進主要受着兩個因素所影響：首先，世界民航業雛形漸成，「啟德」因而要提升為一個軍民兩用的機場。其次，面對日本的軍事威脅，「啟德」不得不加強其防禦工事，但因英國對香港投入的軍事資源非常有限，「啟德」的防衛設施仍然不足，以致當日軍突襲時只得任人魚肉。

「啟德」初年設施非常簡陋，鑑於房屋和機棚經常在颱風和火災中被毀，再加上為應付日益增加的使用率，當局在三十年代初先後加設了多項設施，包括一個現代化的軍用機庫連控制塔、兩條供水上飛機上岸的滑行道及水上機場碼頭、機場西面的新民用機庫連辦公大樓、夜間照明系統、通訊設施、外圍圍欄、消防車、警崗及多座永久建築物等，其中以東西兩端的軍用和民用機庫最為矚目，而部分空軍建築更屹立至今。「啟德」當時分為兩部分：西為民用機場，東為空軍基地，當時由船政署（即海事署）處理機場日常運作，而航空交通管理則由皇家空軍負責。

1「啟德」東部為軍用飛機的集結地，圖為三十年代中航空母艦「飛鷹號」的隨艦霍克「鶚式」（Osprey）機隊。（香港歷史博物館藏品）

2 三十年代初，「啟德」東部一系列皇家空軍大樓及宿舍相繼落成，圖中馬路為今日的觀塘道，遠處的巨型建築物為民用機庫。（高添強）

我是機場經理，亦同時是控制塔操作員、氣象報告員及海關助理，還負責考核和發牌予遠東航校的機師和工程師。

—— 一九三四年自英來港擔任啟德機場經理的納爾遜（Erik Nelson）

一九三六年「啟德」正式開展定期民航營運，首年共有一百二十三架次飛機升降，處理了一百三十五名乘客和七公噸貨物和郵件。有關數字到一九三八年時已躍升至六百三十三架次、六千零六名乘客及九十六噸貨物郵件。一九二五年的機場面積只有約六十畝，到一九三八年已擴展至一百七十一畝。民航服務的開展為「啟德」帶來煥然一新的景象，它由二十年代末一個防守寬鬆的空軍基地和小型機場，到三十年代末變成遠東區最重要的洲際空運樞紐之一，而到訪飛機也由小型的「透翅蛾式」雙人機變成巨型的波音 B-314 水上飛機，來自中國、美洲和歐洲的民航機穿梭往來，成為香港與世界各地溝通的重要窗戶。雖然一九三九年歐戰爆發令港歐航線客貨量鋭減，但自一九三七年抗日戰爭全面爆發起，來往內地與香港的航班卻因要運輸大量物資和富裕難民而大大增加。隨着日軍南下，很多飛往內地的航機在往返途中被襲，因此越來越多航班選擇在夜間於欠缺完善照明的「啟德」升降。飛機亦盡量避免在明月當空的晚上起飛，而改在濃霧和烏雲蓋頂的黑夜成行。

面對日本的軍事威脅，英國鑑於香港易攻難守，對啟德空軍基地的裝備只作有限度提升。雖然芸芸防衛計劃都提及要加強「啟德」的自衛能力，如在機場北部興建掩蔽式機庫、機槍碉堡和在多個地點設立機槍陣地等，但部分到最後亦只是空中樓閣。除防空設施不足外，「啟德」的防衛部署嚴格來説亦有欠周詳，事實證明當日軍於一九四一年突襲「啟德」時，皇家空軍的戰機欠缺掩護之餘又分隔不足，以致幾乎被一網打盡。踏入四十年代，為了應付更多更大的飛機，當局着手籌建一條長約四百五十米的石屎跑道，並打算於一九四一年十二月八日動工。豈料工程還未開始，日軍的炸彈便搶先於當天早上掉到啟德機場。

3

3 圖為啟德水上機場大堂及登機碼頭，碼頭正停泊「泛美」的 S-42 水上客機，攝於 1937 年。（高添強）

4 三十年代「啟德」已成為上流社會的社交場所之一。（民航處）

5 停泊在民航機庫及大樓前的「歐亞十八號」。（高添強）

6 戰前「啟德」沒有固定跑道，飛機只需跟這架「學員」雙翼機一樣向逆風方向起飛便成。（民航處）

7 圖為停在「啟德」西部民航機場的「帝航」DH-86，背景為啟德濱住宅區。無論戰前或戰後，來港的客機都與住宅為鄰。（民航處）

8 民航機庫除供商用民航機停放外，其他機構及私人的飛機亦可使用，圖為在機庫外的費里「狐狸型」（Fox）雙翼機。（吳邦謀）

屹立至今的早期啟德遺跡

有說香港是一個不留歷史的城市，啟德機場可能是一個例外。經歷過戰火及數十年從無間斷的擴展工程，絕大部分早期的「啟德」建築都已灰飛煙滅。現存的遺跡全都集中於「啟德」東北部，大多屬前空軍基地設施，並於歷次機場擴展時被劃出機場範圍外而幸免於難。

位於坪石邨旁並隱藏於啟德大廈後的香港警察偵緝訓練學校（已閉校），原來便是啟德空軍基地的軍官宿舍及俱樂部大樓，建於三十年代中，是迄今保存得最完整的「啟德」遺跡。而位於啟業邨外的明愛向晴軒亦為三十年代中落成的空軍宿舍。自七十年代末皇家空軍撤出「啟德」後，原本一連數座同類型的大樓一直屹立不倒，並於八十年代改為開放式的越南難民營，但當九十年代初觀塘繞道工程開始後，就只拆剩現存的一座。另一個遺跡則為新蒲崗裁判署對面（太子道東以東），屬原機場範圍內的啟德明渠。雖然該渠段曾經過多次重修，但其歷史可追溯至二十世紀初啟德濱施工時所興建。日軍擴建「啟德」前，該渠一直是分隔啟德濱住宅區和啟德機場的重要地標，明渠以東便是二十年代末空軍機棚之處，亦即三十年代民用機庫之所在地。

除此以外，另有兩處位於前大磡村內的原機場設施，則是戰時日軍修建的。位於今日荷里活廣場對面的破舊倉庫為當年遠離「啟德」主要部分的隱蔽式機庫，曾被日軍用以收藏戰機和器械，而在倉庫旁的半球體建築則為戰時碉堡，用以保衛機庫。和平後兩座建築物被漸漸棄置，機庫改成民用工場，而碉堡則變為住宅，最後於二〇〇一年大磡村清拆後得以重見天日。

（上）明渠分隔啟德濱及機場，攝於 1932 年。（民航處）
（下）1946 年的空軍基地建築。這些建築群經過無情戰火後幾乎毫無損傷，卻敵不過八十年代的社區發展。（國泰航空）

7 踏上「帝國之路」

BY AIR MAIL
PAR AVION

第一次世界大戰結束後，民航業在歐美開始發展，當時空運服務的成本相對高昂，乘客皆非富則貴。為與殖民地保持聯繫和發展經貿，歐美列強紛紛在二、三十年代將航線伸展至遠東區，新加坡、西貢、小呂宋（馬尼拉）、巴達維亞（耶加達）和香港等地成為重要的航點。在一九四一年以前，香港的定期航空服務主要由五間航空公司提供。與今天全球主要機場都被美製波音（Boeing）客機和歐製空中巴士（Airbus）客機所支配的情形不同，當時歐美各國的航空公司都爭相以自己國家研製的客機飛行，好向世人炫耀國力，令當時的「啟德」停機坪別有一番景象。

一九二八年英國皇家空軍遠東飛行隊完成歐澳航線試航後，領土覆蓋全球的大英帝國設立了連結歐、亞、非、澳四大洲的空中網絡「帝國之路」（Empire Air Routes），由皇家政府屬下的帝國航空公司（Imperial Airways, 簡稱「帝航」）營運。二十年代末，多個東南亞城市如新加坡已開始了定期客貨空運服務，但香港則較遲，要至一九三六年才正式與宗主國空中連結。未躋身「帝國之路」前，當時香港寄空郵往英國必須先從水路花近一星期運往印度或新加坡，才能轉用飛機運抵倫敦，全程需時十多天。

香港首條定期航線為「帝航」提供的是來往檳城航班。一九三六年三月十四日，「帝航」的英製迪哈維蘭（De Havilland）DH-86A「多拉多號」（Dorado）由倫敦起飛，途經多個歐、亞、非城市，九日後抵達檳城，並於二十四日經西貢到達香港。當日上午十一時許，「多拉多號」進入香港領空並在「赫米斯號」的艦上戰機護航下徐徐降落啟德機場。首班航機為「啟德」帶來十六大包郵件及一名乘客，成為香港民航史上首位乘客的是馬來華僑王怡林，當時機上沒有座位，王氏全程只能坐在郵包上。

透過「帝航」的「帝國之路」，乘客可由香港經馬來亞轉機前往歐、亞、非、澳和中東多個城市。一九三七年末起，「帝航」以曼谷為其「帝國之路」的遠東區樞紐並改辦香港至曼谷航線，每週兩班。

1 1936 年「多拉多號」卸下郵件的情形。（英國航空）

2,3 隨「多拉多號」出發及帶回的首批空郵之一。（吳邦謀）

4

WHY PASSENGERS PREFER

IMPERIAL AIRWAYS

1 **BECAUSE** of its unrivalled experience

2 **BECAUSE** of the high standards of efficiency and comfort

3 **BECAUSE** its air liners are the most comfortable in the world

4 **BECAUSE** its latest air liners are equipped with four engines

One of the Captains of Imperial Airways. He is one of many who have spent over 10,000 hours in the air

3

EMPIRE

SERVICES *of Imperial Airways and Associated Companies*

4 SERVICES A WEEK
England-Greece-Egypt

2 SERVICES A WEEK
England-East Africa-South Africa
England - India - Malaya - Australia

1 SERVICE A WEEK
England-Hong Kong
England-Nigeria (Mails only at present)

SAMPLE FARES

London to—	Single	Return
Cairo	£42	£75 12s.
Calcutta	£108	£194 8s.
Johannesburg	£125	£225 0s.
Nairobi	£109	£196 4s.
Rangoon	£120	£216 0s.
Singapore	£156	£280 16s.
Hong Kong	£175	£315 0s.
Brisbane	£160	£288 0s.
Alexandria to Karachi	£50	£90 0s.
Karachi to Singapore	£71	£127 16s.

All fares liable to alteration without notice
Fares include all transport, food and hotel accommodation (passengers sleep on land each night). ● No tips and no extras. ● Fares based on weight of 221 lb. including passengers' baggage. Excess at low rates. ● Special rates for British officers and certain Government officials

EUROPEAN

SERVICES OF IMPERIAL AIRWAYS

- **Daily** throughout the year between London and Paris and London and Cologne (in conjunction with S.A.B.E.N.A.)
- Throughout the year, between London, Brussels, Cologne, Leipzig, Prague, Vienna and Budapest, also between London and Zurich (in conjunction with SWISSAIR)
- **Weekdays,** during the summer, between London, Basle and Zurich (in conjunction with SWISSAIR) and London and Le Touquet
- Meals served in the air on most routes
- **Sample Fares** (from London)—Paris £7 10 0, Brussels £6 16 0—available for 15 days. Vienna £15 (single). Budapest £17 (single)

33 lb. of baggage free. Excess weight at low rates. Baggage can be sent in advance by air

Free car transport for passengers and baggage between town terminus and air port in both directions

Imperial Airways is the general agent for the German (D.L.H.), the Belgian (S.A.B.E.N.A.) and Swissair Air Lines, which operate services in Europe, many of which connect with those of Imperial Airways

All services liable to alteration without notice

AIR MAIL

1 It is as easy to send a letter by air mail as by ordinary mail and it gets there much quicker

2 Stick an air mail label (free at any Post Office) on to the top left-hand corner of the envelope and the necessary stamps. Post in any letter box

Below are examples of some charges

You can send an ounce letter from the United Kingdom to European countries (except Scandinavia) for 4d. Letters to Scandinavia go by air without extra charge

LETTERS : 3d. per ½ oz. POSTCARDS : 2d.	Egypt, Iran, Iraq, Palestine, Sudan, Syria, Transjordania
LETTERS : 6d. per ½ oz. POSTCARDS : 3d.	Ceylon, Gold Coast, Hong Kong, India, Burma, Kenya, Uganda, Malaya, Nigeria, Rhodesia, South Africa, Tanganyika, Zanzibar
LETTERS : 1/3 per ½ oz. POSTCARDS : 6d.	Australia and New Zealand

These charges are liable to alteration without notice

● So great are the advantages of air mail that the British Government has decided that, beginning in 1937, letter mails within the British Empire will, so far as is practicable, be carried by air

TIME TABLE

MAIN EMPIRE ROUTES

ENGLAND — INDIA — FAR EAST AUSTRALIA

LONDON depart every Wed., Sat.	Arr.	BRISBANE (Australia) depart Wed., Sat.	Arr.
ALEXANDRIA (Egypt)	Fri., Mon.	SINGAPORE (Malaya)	Sat., Tues.
BAGHDAD (Iraq)	Sat., Tues.	CALCUTTA (India)	Mon., Thurs.
KARACHI (India)	Mon., Thurs.	KARACHI (India)	Wed., Sat.
CALCUTTA (India)	Tues., Fri.	BAGHDAD (Iraq)	Thurs., Sun.
SINGAPORE (Malaya)	Thurs., Sun.	ALEXANDRIA (Egypt)	Fri., Mon.
BRISBANE (Australia)	Mon., Thurs.	LONDON	Mon., Thurs.

ENGLAND — EAST AFRICA — SOUTH AFRICA

LONDON, depart every Tues., Fri.	Arr.	JO'BURG (South Africa) depart Wed., Sat.	Arr.
ALEXANDRIA (Egypt)	Thurs., Sun.	NAIROBI (Kenya)	Thurs., Sun.
KHARTOUM (Sudan)	Fri., Mon.	KHARTOUM (Sudan)	Sat., Tues.
NAIROBI (Kenya)	Sun., Wed.	CAIRO (Egypt)	Mon., Thurs.
JO'BURG (South Africa)	Wed., Sat.	LONDON	Thurs., Sun.

● There is also a Mail Service to and from West Africa, leaving London every Friday and Kano (Nigeria) every Friday.

ENGLAND — HONG KONG

LONDON depart Sat.	Arr.	HONG KONG depart Fri.	Arr.
CALCUTTA (India)	Fri.	PENANG (Malaya)	Sat.
PENANG (Malaya)	Sun.	CALCUTTA (India)	Mon.
HONG KONG (China)	Tues.	LONDON	Mon.

All times liable to alteration without notice

Lunching a mile up in the air!

11

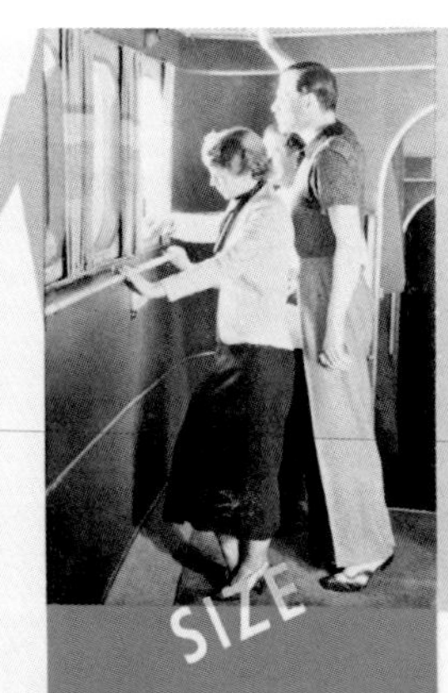

HOW AIR TRAVEL SAVES MONEY

- On most of the European routes 15-day return tickets are issued. These save 30% and 60-day return tickets a 20% reduction
- On the Empire routes a reduction equivalent to 30% of the single fare for the homeward journey is allowed on return tickets taken in advance, and all fares include transport, meals, hotel accommodation en route; there are no "extras"

NO TIPS!

There are NO TIPS on Imperial Airways' services

SEASON TRAVEL VOUCHERS

For regular passengers Season Travel Vouchers save money

- £63 15 0 buys tickets to the value of £75 over a period of four months, and £170 to the value of £200 over a period of twelve months
- Season Travel Vouchers may be used on the services of all National European Air Transport Companies

BULK TRAVEL VOUCHERS

Firms who regularly use air services buy Imperial Airways' Bulk Travel Vouchers to save money. Full particulars may be obtained and the vouchers bought direct from Imperial Airways or its agents

INCLUSIVE TOUR RATES

When arranging holiday or business tours, ask your travel agent about the special quotations for travelling by air to almost any city in Europe. These rates include hotel accommodation, and you will be surprised how little such journeys will cost you

Part of the promenade deck in the new E[...] flying-boat

13

4 三十年代的「帝航」小冊子。（吳邦謀）

早期的空中旅程

今日一個普通人乘飛機前往倫敦，大多會花費數千港元乘坐由兩名機師駕駛的四百人巨型客機，擠在小小的經濟艙座位上看看電視或睡一大覺，十四小時後機門大開便急忙踏進有空氣調節的登機橋，心裏只惦着怕又要在移民局和行李大堂中大排長龍。上述情況實在與半個多世紀前有天壤之別。

「帝航」另一架 DH-86「多芬尼斯號」（Delphinius）。

踏上三十年代末的「帝國之路」航機，你會發現情況剛好相反，細小的飛機裏只有十多個座位，但卻全都是豪華頭等設施，包括臥艙、小酒吧和獨立男女洗手間等，服務和用具都與豪華郵輪和頂級酒店不遑多讓。當時由香港前往倫敦先要乘坐「帝航」DH-86 型機飛抵南洋，再轉乘該公司較大型的塞特（Short）S30「C 級」水上飛機遠赴英倫。一路上，航機由兩名機師及工程師、領航員和無線電通訊員合力操作，並有服務生為乘客打點一切。

由於機艙沒有加壓設備，飛機並不能在雲海上航行，衣香鬢影的旅客沿途會在機艙內體驗到各地天氣的變化。高空上，穿上禦寒大衣的乘客抽着香煙和雪茄，大談沿途停留的各大英屬地的風土人情，由漁舟泛影的香港到車水馬龍的德里、由新興的檳城到古老的巴格達，十日後便到達漫天飛雪的帝國首都。全程票價為一百七十五英鎊，包括沿途的高級美食和頂級酒店過夜住宿，與今日快捷的點到點形式比較，另有一番優雅和歷險的味道。

帝航的「C 級」水機。

8 香港與內地的聯繫

在擁有資金、人才和技術的絕對優勢下，戰前亞洲區內的航空服務大都由歐美政府和資金操縱。自二十世紀初起，中國國民政府及各地軍閥紛紛尋求列強協助培訓空軍。北伐後，國民政府將空中發展伸延至民航，當時與南京政府關係密切的德、美兩國操縱了中國的航空業，其影響更透過內地與香港的聯繫而進入香港。因地理及兩地之頻繁來往，香港與內地通航不久便進佔客貨量的首位。

一九三六年十一月六日，中國航空公司（China National Aviation Corp., 簡稱 CNAC 或「中航」）開闢了上海經廣州至香港的航班。「中航」由國民政府與美資合作成立，始建於一九二九年，到三十年代泛美航空（Pan American Airways, 簡稱「泛美」）奪得美方股權，令「中航」成為這間航空巨擘在亞洲的重要網絡據點，其管理、機組人員及器材等方面亦得到「泛美」的支持。「中航」以上海龍華機場為基地，主力經營長江沿岸和沿海城市的航線，起初以美製道格拉斯「海豚式」（Dolphin）小型水上飛機飛行，每週三班，但其後因客貨量大增而需改用西科斯基（Sikorsky）S-43 水上飛機營運。

由於有「泛美」和華府作後臺，「中航」擁有先進的機隊，得以領先當時亞洲區內的航空公司，三十年代末已經使用道格拉斯 DC-2 和 DC-3 等較大的新型客機飛行，為乘客提供較舒適的空中服務。

歐戰爆發前夕，納粹德國一度是南京依賴的列強之一，雙方在經濟、政治及軍事的合作十分緊密。歐亞航空公司（Eurasia Aviation Corp., 簡稱「歐亞」）在一九三〇年由國民政府與德國漢莎航空公司（Deutsche Lufthansa, 簡稱「漢莎」）合作成立，原目標是將漢莎航線經蘇聯伸延至中國，但由於莫斯科政府始終對德國有所猜忌，恐怕柏林政府借航機在其領空作高空偵測，故並未給予全面合作。當時「漢莎」只能嘗試由柏林往莫斯科再往蘇聯遠東地區，然後從陸路經西伯利亞鐵路到滿洲里，再由「歐亞」航機從滿洲里飛抵北平及上海，航程費時失事。最後「漢莎」惟有擱置中歐航線，「歐亞」遂集中精力經營中國國內航班服務，包括華東至華北及大西北路線。

一九三七年六月，歐亞航空正式開始北平經廣州到香港的服務。「歐亞」往返內地與香港的

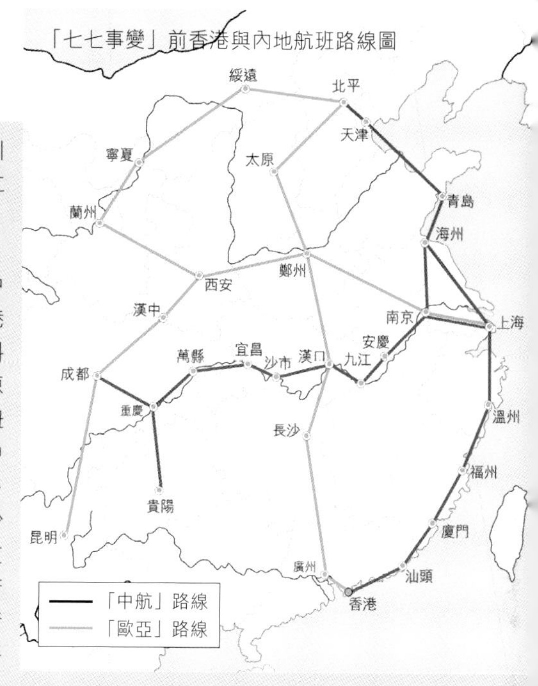

服務以德製容克斯（Junkers）Ju-52 三引擎客機飛行，與「中航」美製客機在大江南北的上空上競逐。

自內地與香港通航後，香港馬上便成為中國航空網絡版圖上的一大重鎮。除因香港是英國管理的一大商埠外，地理、飛行科技和當時政局的發展，亦是箇中關鍵。原來中國可以在華北及大西北地區設立樞紐經蘇聯和中亞前往歐洲，開拓一條「空中絲路」，但卻因德蘇猜忌、「九一八事變」、新疆局勢動盪、中德交惡，以及高原、沙漠氣候增加飛行難度，再加上沿途地面支援設施不足，最終令該航線胎死腹中。若由西部或西南經印度或緬甸往歐洲則有青藏高原、喜瑪拉雅山等為障（此路到太平洋戰爭前夕才由美國駐華空軍及「中航」開通，稱為「駝峰路線」），以當時的飛行科技和經濟原則來說，要開通此路並不適宜。由西南經河內往東南亞及歐洲則較為可行，而歐亞航空亦有開設昆明往河內之航線，但相比之下，香港的設施、接駁航點和經濟效益遠在其上，故香港一直能保持超然地位。

1 1941 年戰爭爆發前夕，香港成為「中航」的避難所。圖為正停泊於啟德機場的「中航」DC-3 及「兀鷹式」航機。（Pan Am Archives / 香港歷史飛機協會提供）

2 正停泊在啟德停機坪上的「中航」S-43 水上飛機，而一條小駁艇正在運送一班相信是剛抵港的「泛美」機組人員往圖右的滑行道上岸。（民航處）

3 1937 年「歐亞」Ju-52 首航香港時停泊在民航機庫外的情形。（漢莎航空）

4 歐亞航空公司的標籤。（吳邦謀）

9 成為空中轉口港

香港在戰前發展成為世界海運中心的成績已有目共睹，但我們不能忽視當時香港亦已成為「空運轉口港」。自一九三六年至二次大戰爆發，香港在短短五年間憑着優越的地理位置和英國殖民地身份，成為中國連接東南亞及歐、澳、非、南北美五大洲的中轉站，為亞太區最大的航空港之一。

為限制美資在香港的發展，英國一直不積極讓「泛美」航空到港，迫使「泛美」以澳門為其遠東終站。眼見葡國獲漁人之利，英國惟有妥協，同意讓「泛美」將其環太平洋航線伸延至香港。一九三七年，「泛美」正式開辦香港至小呂宋航線，並經關島、威克島、中途島及檀香山直達舊金山（三藩市），乘客可於加州轉乘「泛美」的內陸航班飛往北美洲東西兩岸及拉丁美洲各大城市。「泛美」的環太平洋航線以美製西科斯基 S-42、馬丁（Martin）M-130 和波音 B-314 幾種當時世上最巨型的水上民航機飛行，全程需時六天半，設備與服務以豪華見稱。

一九三七年四月二十八日「泛美」在港首航當天，更被視為中、英、美三國共同通航的一件國際大事，「泛美」特別為該架 S-42 命名為「香港飛剪號」（Hong Kong Clipper）。在啟德機場舉行的首航禮有五千中外官商和市民參加，過程更以短波轉播至菲律賓、美國和澳洲等地，三國官員輪流致詞，而當時的署理港督史美（N. L. Smith）在迎接「香港飛剪號」時，更發表以下一段大概他自己也不太相信終會在數十年後成真的官式演詞：

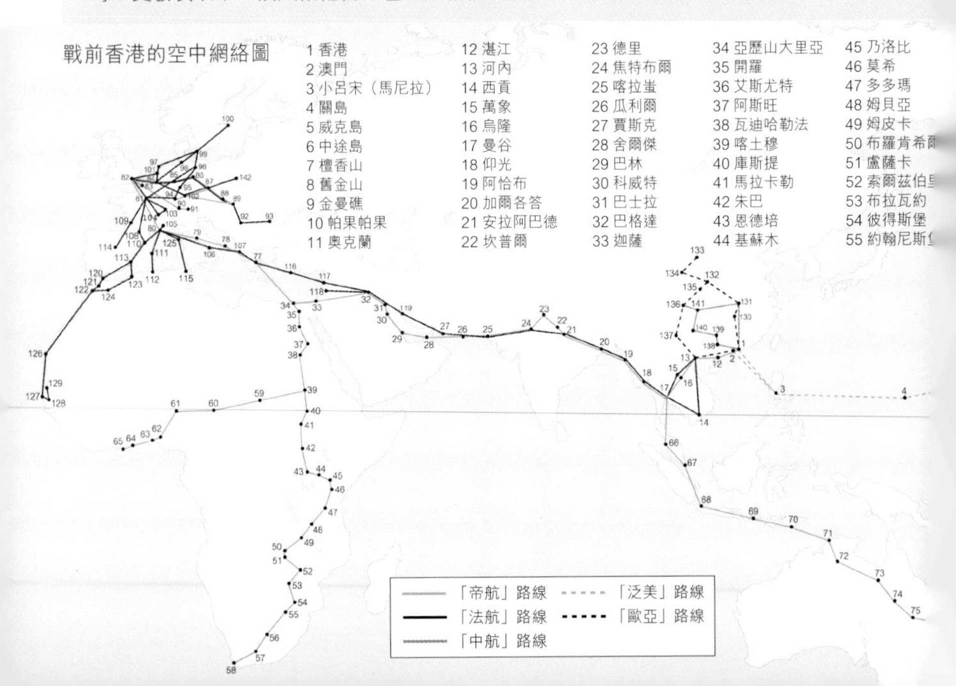

1「泛美」馬丁 M-130「菲律賓飛剪號」（Philippine Clipper）停泊於啟德水上登機碼頭的情形，攝於 1938 年。（Pan Am Archives / 香港歷史飛機協會提供）

2 1937 年「泛美」S-42 飛抵港澳水域時的情形。（Pan Am Archives / 香港歷史飛機協會提供）

56 金伯里
57 西維多利亞
58 開普敦
59 法希爾
60 拉瑪堡
61 卡諾
62 伊洛林
63 拉各斯
64 阿克拉
65 塔科拉迪
66 檳榔嶼
67 新加坡
68 巴達維亞（耶加達）
69 南望
70 古邦
71 達爾文
72 戴利沃特斯
73 克朗克里
74 朗里奇
75 沙勒維爾
76 里斯本
77 雅典
78 布林迪西
79 羅馬
80 馬賽
81 巴黎
82 倫敦
83 勒圖克
84 布魯塞爾
85 科隆
86 萊比錫
87 布拉格
88 維也納
89 布達佩斯
90 巴塞爾
91 蘇黎世
92 貝爾格萊德
93 布加勒斯特
94 斯特拉斯堡
95 法蘭克福
96 柏林
97 阿姆斯特丹
98 漢堡
99 哥本哈根
100 斯德哥爾摩
101 鹿特丹
102 紐倫堡
103 日內瓦
104 里昂
105 尼斯
106 那不勒斯
107 科孚
108 圖魯茲
109 波爾多
110 巴塞羅那
111 巴利亞斯
112 阿爾及爾
113 阿拉卡特
114 馬德里
115 突尼斯
116 卡斯特羅蘇
117 的黎波里
118 大馬色
119 布什爾
120 丹吉爾
121 拉巴特
122 卡薩布蘭卡
123 奧蘭
124 非斯
125 阿雅克肖
126 錫克薩鎮
127 達卡爾
128 考克拉
129 聖路易斯
130 長沙
131 漢口
132 西安
133 寧夏
134 蘭州
135 漢中
136 成都
137 昆明
138 柳州
139 桂林
140 貴陽
141 重慶
142 華沙

「香港只是一個蕞爾小島，但我們的海港在世界航業上早已佔着重要的位置，誰相信我們每年出入的洋船噸位是僅次於紐約和利物浦罷了。所以我們希望香港在航空上也能夠和九天距離的紐約、六天半距離的倫敦分庭抗禮。」

該航線的特色是航班先由菲律賓飛抵澳門新口岸，上落客貨和郵件後才再到香港，但回程時則由香港直飛菲律賓。「泛美」並以香港為中美之間的中轉站，每週均有一班航機把乘客由美洲各地載來香港，再轉乘同系的「中航」航班前往上海和南京等中國各大城市。

繼英國後，另一殖民國法國亦將其東南亞航線伸展至香港。法國航空公司（Air France, 簡稱「法航」）較早前建立由巴黎至法屬支那的航線，然後再向西伸延，以香港為其遠東終站。一九三八年八月十日，「法航」首辦香港經河內往巴黎的航班，主要由法製迪瓦丁（Dewoitine）D-338型飛行，以高速飛行為噱頭與「帝航」在港歐航線上競爭，來往香港巴黎只需六天，更可接載乘客前往西非及南美。

3,4 1938 年「法航」港法首航的盛況。D-338 正停泊於民航機庫前，背景為九龍城。（法國航空）

5「法航」D-338 在啟德停機坪。（法國航空）

10 戰雲陰霾下的香港民航

香港的民航業在戰爭前夕經歷了一個暫時的空前繁榮時期，雖然英法兩國先後因歐戰所累而結束港歐航線，但香港與內地的空運卻因日本侵華而大大加強。「中航」和「歐亞」與處身戰火外的「泛美」緊守香港線，直至其機隊在「啟德」葬身火海為止，見證了香港民航由高峰一下子墮進深淵的非常時期。

一九三七年七月日本大舉南侵，「中航」和「歐亞」失去上海基地，最終分別西遷至重慶和昆明經營，航線亦縮減至只限於大陸自由區內的城市，如漢口、重慶和桂林等，並加強來往香港的服務以保持與外界聯繫。除香港外，「中航」亦加強飛往河內和仰光的服務，而「歐亞」則主力飛行經桂林往重慶的航線。「港渝走廊」成為抗戰初期中國對外最重要的空中通道，每日有大量人員、難民和物資進出「啟德」，而「中航」和「歐亞」亦因而生意遽增，成為「啟德」的最大用戶。

隨着日軍南下，「中航」及「歐亞」航機頻頻受到日軍戰機襲擊，造成多宗人為空難，香港與內地航班一度全面暫停。一九三八年年底起，「中航」及「歐亞」重開香港航線，但航班全面改於夜間飛行。後來鑑於重慶交通不便，「中航」在香港設立另一個總部，並在「啟德」興建了一個龐大的機隊維修中心，曾成功為多架被日軍擊中的「中航」客機重修復飛。一九四一年七月，南京與柏林外交關係破裂，國民政府隨即全面接收「漢莎」在「歐亞」所擁有的資產。

1 1941 年 5 月 20 日，「中航」一架 DC-3 在中國宜賓機場被日機炸毀機翼，為使飛機重飛，「中航」自「啟德」維修總部空運一對 DC-2 客機的機翼往宜賓安裝在 DC-3 上。搶修後該機成功飛返「啟德」進行全面大修，該航機被航空界稱為DC-2$\frac{1}{2}$，並成為航空史上的一個傳奇。（Pan Am Archives / 香港歷史飛機協會提供）

2「歐亞十八號」在「啟德」滑行中，攝於 1937 年。（漢莎航空）

一九三九年九月歐戰爆發，「帝航」來港服務一度暫停。自一九四〇年四月開始，「帝航」重組成英國海外航空（British Overseas Airways Corp., 簡稱 BOAC 或「英國海外」），該公司原本打算以全新的 DH-95 客機飛行，但服務旋因納粹德國進攻英國及法屬支那關閉領空而於九月停飛。一九四〇年五月希特拉揮軍侵法，巴黎於六月中淪陷，「法航」被迫在七月初全面結束香港至河內的服務。

另外，披上納粹旗幟的德國「漢莎」則嘗試建立柏林至東京航線，以聯繫德日兩大帝國，香港為試航的其中一個中途站。「漢莎」的遠東終站一直設於曼谷，一九三九年五月二日，首班非定期航班載着十五名乘客抵港，回程時再經香港返德，全程以 Ju-52 飛行。第二班航機於八月載着四名乘客來港後，因九月德國入侵波蘭，英法對德宣戰，隨即令「漢莎」航班胎死腹中。在日軍壓境的陰影下，「中航」與「歐亞」緊守「啟德」以維持港渝航線命脈，而「泛美」亦保持香港航班的運作，一直至太平洋戰爭爆發為止。

3「泛美」緊守香港航線至最後一秒。圖為「泛美」S-42 正離開啟德水上機場碼頭前往水上跑道起飛。（香港歷史飛機協會）

4 披上納粹徽號的「漢莎」Ju-52 於 1939 年 5 月到港。（香港歷史飛機協會）

5 1939 年 11 月 8 日，「帝航」「達丹拿斯號」（Dardanus）自香港往河內途中在東京灣潿洲島上空被日機追擊，機身多處中彈，後平安返回「啟德」修理。

「桂林號事件」

數月後「桂林號」在啟德機場成功修復。（香港歷史飛機協會）

日本佔領華南地區後，香港隨即變成被日軍包圍的孤島。日方為打擊中國的後方運輸，在港渝航道上作過多次草菅人命的襲擊，「中航」、「歐亞」以至「帝航」客機先後遭殃，其中以一九三八年的「桂林號事件」最為轟動。

一九三八年八月二十四日早上八時正，「中航」一架載着十七人的 DC-2「桂林號」自「啟德」出發，目的地為重慶。起飛後約四十分鐘，「桂林號」飛進澳門以北二十五哩上空。此時日軍戰機竄出攔截，未幾更向客機開火將之擊落。「桂林號」中彈後，美籍機長伍德（H. L. Wood）立即進行強行着陸，最後成功把航機降落於珠江河面上，全機乘客無恙。當所有人慶幸撿回性命之際，日本戰機卻尾隨飛至，並用機槍向水面上的「桂林號」掃射，結果十四人死亡，包括數名中國政經人物，最後僅伍德及華籍無線電通訊員和一名乘客生還。

事後中國政府大為憤怒，指「中航」客機機身及機翼皆髹上「郵」、「中國航空公司」及「CNAC」字樣以表民用客機身份，日方此舉乃蓄意濫殺無辜平民，而日方則辯稱字樣髹得太小，故把其「當作軍機擊落」，事後日軍受國際輿論強烈指責。事件如此冷血，相傳因日軍計劃暗殺原定乘坐該航班的孫科而起，孫則因事提早改乘「歐亞」航班而逃過大難。

「桂林號」機身中彈至少八十發，殘骸被撈起後由水路運返「啟德」的「中航」維修基地，經數月維修後重飛，「啟德」人員再次創造航空維修史上的佳話。

（左）1938 年「桂林號」中彈後被拆散運回「啟德」維修。（高添強）
（右）「桂林號」機身上的「郵」字清晰可見。（高添強）

11 空中防衛

第一次世界大戰後，飛機躍升為東西各國趨之若鶩的新武器。二十年代初，國民政府及華南各軍閥相繼發展空軍，再加上蘇俄、日本勢力在中國的擴張，以及大陸反英情緒高漲，令港英當局擔心中國會乘機要求收回新界或衝擊香港，故決心在港興建空軍基地以抵禦來自中國的威脅。到三十年代，日本崛起並成為區內和平的最大威脅。相對於位處東南亞正中央並被眾多英、美、法、荷殖民地包圍的新加坡，香港地理環境易攻難守，不能擔當英國遠東區空防重鎮的角色，故此至日本侵港前夕香港空防力量一直非常薄弱。

二十年代是中國內部紛亂的時期，除軍閥混戰和北伐外，一個接一個的反英運動亦影響了香港的安全，為保障英國在港利益，倫敦決定為港提供一定的空中防衛支援。英國受着戰後英、美、日三國在一九二二年簽訂的《華盛頓協議》（Washington Agreement）規限，不能在新加坡以東設立軍事基地，只能定期從新加坡海軍基地派出皇家海軍航空母艦巡迴駐守香港及威海衛，通常艦隊會在春秋二季在港各停留六星期。一九二四年十一月，航空母艦「飛馬號」（H.M.S. Pegasus）及其艦隊首次來港，其間停泊在吐露港。艦上載有四架皇家海軍航空隊（Fleet Air Arm）的費里（Fairey） IIID 型戰機，機隊在港執行巡邏和高空勘查等工作。

1 1924 年隨「飛馬號」到港執行首次飛行任務的空軍隊員。（*Gau Lung*）

2 停泊於「維港」的航空母艦「赫米斯號」，甲板上可見部分戰機，攝於 1926 至 1927 年間。（香港歷史博物館藏品）

3 戰機墜海經常發生，圖為一架費里「京燕式」（Flycatcher）水上戰機於 1927 年 4 月 4 日失事後被救援的情形。（香港歷史博物館藏品）

4 空軍人員與配上升降架的「京燕式」陸上戰機，攝於 1929 年。（民航處）

5 隨「赫米斯號」抵港的費里 IIID 型水上戰機。若水上戰機在水面上發生故障，往往需要駁艇協助回岸。（香港歷史博物館藏品）

繼「飛馬號」後，排水量更大、載有更龐大機隊的航空母艦「赫米斯號」及「飛鷹號」（H.M.S. Eagle）亦先後抵港，戰機的主要任務是在大鵬灣和大亞灣偵測當時非常猖獗的海盜活動、為重要船隻護航、拯救海難及威嚇省港大罷工的示威群眾。那時的飛行科技仍未完全成熟，戰機時有意外發生，墮海事件頻密，更發生過撞落九龍城農戶引致村民死亡的事件。

隨着區內局勢變化及日本突破《華盛頓協議》於臺灣南部建立空軍據點，英國政府遂決定在香港興建空軍基地，英國皇家空軍終於伸展至香港，而香港亦終於有了自己的固定空防力量。一九二七年三月十九日，皇家空軍啟德基地成立，最初擁有二十四名人員和三架費里IIID型戰機，直接隸屬英國航空部（Air Ministry）。一九三〇年，皇家空軍遠東司令部於新加坡成立，啟德基地轉屬該部。起初，基地的機棚及辦公室設於啟德機場毗連啟德濱的西部空地，隨後於一九三三年遷往機場東部並加建更多現代化設施，但駐港空軍的軍力始終只屬一般。

一九三六年，三架低性能的霍克（Hawker）「霍斯利式」（Horsley）及兩架迪哈維蘭DH-82「燈蛾式」（Tiger Moth）戰機首次永久進駐啟德基地，空軍人員約有一百人。一九三七年「七七事變」發生，面對日本的威脅，英國只能從新加坡抽調少量空軍人員駐港和改派性能一般的超級馬林（Supermarine）「海象式」（Walrus）輕型轟炸機、維克斯（Vickers）「大羚羊式」（Vildebeest）和費里「劍魚式」（Swordfish）戰機駐守「啟德」。

此外，香港義勇軍亦於一九三〇年成立航空部隊，受訓完畢後約十名成員成為陸軍航空隊的後備人員，為香港非正規空軍之祖。由於陸軍航空隊一直沒有自置飛機，飛行員只能有限地受訓和協助皇家空軍備戰。

6 1938 年隨「飛鷹號」駐港的「劍魚式」戰機群。（*Gau Lung*）
7 三十年代中三架「赫米斯號」的「鶚式」水上戰機在香港上空巡邏，途經灣仔及金鐘上空的情形。（Fleet Air Arm Museum / 香港歷史飛機協會提供）

啟德空軍生涯

戰前在「啟德」生活的人員主要是長期駐守香港的皇家空軍，以及定期隨航空母艦到港的皇家海軍航空隊成員。二十年代的「啟德」設備非常簡陋，空軍人員住所四散於九龍城、馬頭圍和尖沙咀等地，到三十年代才擁有在今日啟業邨和坪石邨所在地一帶的永久宿舍。而在供水上飛機上岸的滑行道建成以前，每晚軍人都要輪流到海上停泊的水上飛機過夜，以防有小偷光顧。

其實自二十年代末開始，「啟德」的環境已經令空軍人員非常難忍，例如今日的東頭邨附近當年有一間豬油廠和一道大明渠（至今尚存），難聞氣味日夜「攻入」軍事重地；而原本是海灣的大灣（今淘大花園）到三十年代又變成煉油廠等重工業用地，使九龍灣的海水漸受污染，令酷愛游泳的官兵們為之掃興。不過，更令人沮喪的是，啟德基地一直不設已婚人員宿舍，除總司令官邸外，要與愛侶同築愛巢的便必須在基地外自掏腰包另覓居所，故此據載攜眷到港的官兵人數一直不足十人。

（上）游泳是啟德「飛將軍」們的最佳娛樂之一。（香港歷史博物館藏品）
（下）空軍人員坐在「鶚式」水上戰機的浮筒上，圖中可見浮筒上裝配了小滾輪以便在陸上拖行。（香港歷史博物館藏品）

空軍宿舍內的陳設。（香港歷史博物館藏品）

12 交鋒前夕

「無論香港有兩營還是六營軍隊駐紮，（對防衛來說）沒啥分別。」

據載日本侵港前夕，英國首相邱吉爾（Winston Churchill）就軍方要求於香港增強軍力時，曾作出以上回應，再次説明英國不會不惜代價全力保衛香港。雖然香港華洋傳媒在暴風雨前夕仍老是吹噓香港的防衛如何了得、英軍及英聯邦援軍如何威武，但日本的成功突襲和快速佔領説明了香港空軍跟陸軍和海軍的備戰一樣，薄弱和孤立無援。更致命的是，香港與東南亞甚至美國各地人民一樣，根本不大相信炮彈真的會降臨在自家門前。

一九三八年十月，日軍佔領廣州及深圳，皇家空軍遂加強在香港上空的巡邏，特別是珠江口和大鵬灣一帶，以監察日軍艦艇的活動及作反潛艇任務。當局亦着手加強香港的防禦設施，計劃包括在石崗興建第二個軍用機場、在「啟德」興建一條永久跑道、在機場北端近大磡村的地方建造掩蔽式機庫、在牛池灣等地埋下地雷陣及在港九各區建立多個防空高射炮陣地，不過最後大部分設施都未能兑現，只成功設立防空處和建造防空炮臺。

一九三九年八月，港府頒佈緊急狀態令，駐港空軍的家屬需撤往菲律賓或澳洲暫避。雖然駐港守軍強烈要求英國增援，但倫敦並未給予更大的援手，香港只能作有限度備戰。由於歐洲戰況吃緊，英國集中空軍力量保衛英倫，對於遠東區殖民地只能作有限度支援，尤其是已被日軍重重包圍的香港。故香港之戰爆發前夕，深圳河兩岸的空軍力量相差甚鉅，日方空軍共有約一千三百人及各類軍用飛機共五十多架，而香港則只有約一百名空軍及空防人員，五架落後的「大羚羊」和「海象」戰機及數架毫無戰鬥作用的「燈蛾式」、「學員」和「教官」雙翼機留守香港。鑑於英日兩國在華南地區軍力懸殊，倫敦指示香港駐軍要避免與日本衝

帝航機被日機射擊降落後
□□□□扣留本港郵件
機長與機師尚被拘押廣州
昨乘美艦回港者祗三西人
日領為該事件發表聲明

由本港開行之帝航機德丹那士號，在潿洲島附近，被日機射擊迫降，各情已見報載，茲悉日方對英方之質問，尚未見覆，日本駐港領事，昨日招待記者發表聲明，謂指該機違背協定，飛越日本軍事防區，認日軍不能辨認其為帝航機，因而向之射擊，現下該機師及搭客共五人，已由日海軍飛機載赴廣州，昨（十日）已乘美艦□丹奴號回港，下午可抵步等語。

突，即使英軍飛機被襲亦不要作出反擊。一九四一年十二月初，日軍戰機多次闖進香港領空，戰鼓之聲漸聞。

一九四一年十二月五日，「啟德」實施一級戒備，所有人員隨即進入全面備戰狀態，「日不落帝國」與「太陽帝國」之戰如箭在弦。但香港市民普遍仍相信美日最終會達成和議，他們最關心的只不過是商店的聖誕大減價和能否擠入影院觀看西片《英宮十六年》。

1 日軍侵港時，駐港英軍只有 3 架「大羚羊式」戰機駐守「啟德」。（John Hambly／香港歷史飛機協會提供）
2 在廣州天河機場駐紮的日軍「九七式」攻擊機群正整裝待發。（高添強）
3 日軍偵察機多次潛入香港領空拍攝的高空偵察圖。（高添強）
4 駐港英軍的「海象式」機群。（香港歷史飛機協會）
5 在戰雲密佈之際，為免影響英日關係，港府實行傳媒審查，凡中文報章上的「問題字眼」都以空格取代。
6 防空演習出動遠東航校的訓練機作模擬敵機。（高添強）
7 香港義勇軍正在新界進行防空射擊演習。（高添強）

日佔時期

香港淪陷期間，本地民航業萎縮，軍事上亦只淪為一個次要的航空驛站。戰時由於大部分資源均被日本軍事飛行所佔，民用航班混亂，服務質素每下愈況。香港的天空亦成為美日新型戰機的擂台，無情地摧毀了港人的家園。因軍事所需，啟德機場大事擴張，豈料竟為戰後機場現代化奠下重要基礎。

13 十八天戰記

「是演習還是真的？」——這應該是大部分香港人在一九四一年十二月八日大清早所說的第一句話，亦為「三年零八個月」黑暗日子揭開序幕。跟珍珠港、菲律賓和馬來亞等地一樣，香港的和平假象終於被日軍突如其來的襲擊捅破，大英帝國甫慶祝香港開埠一百周年就即失去這顆「東方之珠」。

十二月八日清晨，土生秀治大佐率領駐守於廣州天河機場的日本二十三軍四十五飛行隊的十二架「九八式」轟炸機，在獨立飛行戰鬥隊第十中隊的三十六架「九七式」攻擊機掩護下出征香港。早上七時五十五分，駐守新界的英軍發出日軍來襲警報，五分鐘後日機到達九龍上空俯衝突襲「啟德」，閃電式毀滅機場上十二架軍機和民航機後旋即轟炸其他設施，深水埗軍營及九龍多處陷入火海，駐港守軍幾乎毫無招架之力，半小時後空襲結束。

當日下午一時許日軍飛抵九龍及港島南部發動第二輪空襲，並飛到鬧市上空散發招降傳單，行動中香港守軍的防空炮火擊中兩架日機。為佔領香港後能馬上使用「啟德」，日軍克制地對機場發動攻擊，並停止轟炸，故「啟德」破壞不算太嚴重。喘定後，有皇家空軍機師請求駕駛逃過大難的兩架「大羚羊」攻擊機直搗廣州報復或逃離香港以保存之，但請求最後被高層拒絕，兩架碩果僅存的英國戰機最終被空軍人員就地銷毀。傍晚日軍發動第三次空襲。

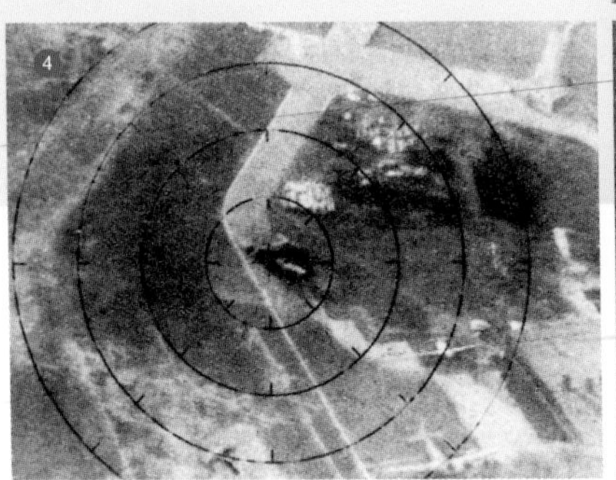

1 1941 年 12 月 8 日早上，集結於廣州天河機場的日軍飛行隊整裝待發。（日本 NHK 電臺／高添強提供）

2 日軍負責偷襲的「九八式」機隊南下香港。（日本NHK電臺／高添強提供）

3 日軍艦隊出動川西「九四式」水上偵察機協助空襲香港。（日本 NHK 電臺／高添強提供）

4 1941 年 12 月 8 日早上從日軍攻擊機上所拍到的空襲啟德過程照片，「歐亞」Ju-52 正被日機掃射。（香港歷史飛機協會）

5 停在水上機坪的「泛美」S-42「香港飛剪號」(Hong Kong Clipper) 正被機槍掃射，機身多處中彈，兩旁亦水花四濺。（香港歷史飛機協會）

6「香港飛剪號」中彈沉沒於九龍灣，只露出焚燒後的機尾方向舵部分。（香港歷史飛機協會）

7「中航」DC-2 被炸至機輪朝天。（《每日新聞》／高添強提供）

8 日軍突襲後，守軍的一架「大羚羊」中彈燃燒，只剩下一副骨架。（《每日新聞》／高添強提供）

9「歐亞」Ju-52 機頭部分被炸至面目全非，只剩下機首引擎及機尾可以辨認。（香港歷史飛機協會）

這一個晚上特別的烏黑。彌敦道上寂寞得可怕。

—— 新聞工作者唐海記錄了香港淪陷前的情況

同時，日本陸軍第三十八師自深圳兵分三路南侵新界，次日晚上日軍開始攻破保衛九龍的醉酒灣防線，皇家空軍棄守「啟德」並破壞機場設施及在跑道上放置障礙物，後撤退至香港仔工業學院，並將之作為空軍戰時總部。另一邊廂，「中航」和「歐亞」的飛機則冒險在黑夜穿梭往返「啟德」和大陸自由區機場，把人員和零件物資運離香港。十二日早上，日軍二二九步兵聯隊的一支分隊正式佔領「啟德」，經迅速維修後用作日軍機場，而日本軍機在攻陷港島前已開始使用「啟德」升降。九龍被佔後，日軍大大加強對港島空襲和炮轟，箇中苦況，記者唐海在一九四二年二月於桂林所著的《香港淪陷記》中有如下的描述：

「在灣仔，購買官米的地方在東方大戲院，天還沒有亮，鐵門口已經擠滿買米的群眾，他們提着袋，帶着籮，拼命的擠，亂哄哄的一大堆。……警報響了，敵機在附近丟下了炸彈，這成千上萬的飢餓群，他們連動都沒有動，因為稍稍移動一下，後面的人馬上擠上來，替代你的位置，因為腳沒有地方放，人就可以腳不着地被擠得凌空站起來，鞋子被擠掉了，不管它……唯一的希望就是能夠買到一元錢米……帶回去養活了一家人。」

日軍於十二月十八日成功登陸港島東區，由東至西步步推進，在山頭和街巷與近一萬四千多名英、印、加軍團、香港義勇軍及歐美、澳紐、印度和華籍平民戰鬥，其中在赤柱及黃泥埇峽的戰況最為激烈。香港守軍節節敗退，共一千五百多人陣亡，另一千三百多人受傷。而日軍方面則只有六百多人死、一千四百多人傷。

十二月二十五日，港督楊慕琦爵士（Sir Mark Young）宣佈無條件投降，日本正式佔領香港，皇家空軍人員被關進集中營。二十八日下午，日軍第三十八師團分別在港島和九龍舉行「入城式」炫耀勝利，其間三、四十架戰機在低空列隊飛過，並向地面散發宣傳單張，更有戰機作花式表演慶祝，一個黑暗的航空年代隨即降臨。

「黑夜大逃亡」

一九四一年十二月八日日軍空襲「啟德」時殲滅了機場裏大部分飛機，民航機庫一度中彈但炸彈並無爆炸，故「中航」停放在該處的一架寇蒂斯「兀鷹式」雙翼機（Condor）及一架DC-3和「歐亞」的一架Ju-52幸存。入黑後，「中航」數架飛機冒險從內地自由區飛抵「啟德」，與幸存的約六架飛機在往後的三夜裏在日軍炮火和沒有導航下摸黑展開撤退重要人物和物資的行動。首晚七時正，「中航」機長希格斯（Frank Higgs）在一片死寂中駕駛首架飛機飛離「啟德」前往南雄。十五分鐘後，斯威特（Harold Sweet）機長駕駛另一架離開，嘉士拉（Paul Kessler）機長緊隨其後。他們抵達南雄後馬上飛回「啟德」再續任務。與此同時，麥克唐納（William McDonald）機長從重慶飛抵「啟德」加入行動，隨即與希格斯和嘉士拉的兩架飛機飛往重慶。十時許，華籍機長陳文寬駕駛最後一班航機起飛，安全完成首日行動。

新聞工作者唐海具體地記錄了那幾晚的情況：「這一個晚上特別的烏黑。彌敦道上寂寞得可怕。當天晚上就下雨了。雨，似乎更加重了周圍陰沉的氣氛。在天還沒有亮的三點多鐘時……冒着寒冷在黑暗中趕路……炮聲隔不一刻轟響一次，轟聲過後，又是死一般的寂靜……忽然間，聽到了飛機的引擎聲音，有着紅綠白三色燈光的『中航』機，在上空掠過，這恐怕是戰爭後第一次看見自己的飛機吧！」

撤退行動於十二月十日晚結束，「中航」機師冒險穿梭「啟德」十六次，合共撤走了三百五十人，據當時的美國《紐約時報》（*New York Times*）報道，其中包括孔祥熙、宋靄齡和當時在港領導抗日運動的宋慶齡等；由於當時九龍有汪精衛的第五縱隊出沒和暴徒趁火打劫，據記載「南天王」陳濟棠、方鎮武將軍、「獨腳將軍」陳策、陶希聖及許崇智等則未能成功趕赴「啟德」，最後只能望機興嘆。除上述機師外，參與行動的還有安吉爾（Robert Angle）、夏普（Charles Sharp）、伍玆（Hugh Woods）、斯科特（Emil Scott）、陳鴻恩機長和「中航」航務經理龐德（William Bond）及多名地勤人員。

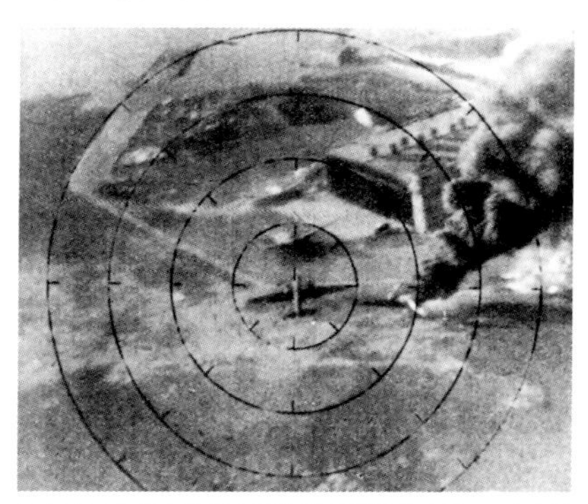

1941年12月8日停在民航機庫外的「中航」DC-2正被襲擊，另附近兩架「兀鷹式」已中彈着火。（香港歷史飛機協會）

10「香港之戰」期間日軍大舉空襲港島，照片為日機上拍攝，圖中可見金鐘皇家船塢附近中彈發生大火。（香港歷史飛機協會）

11「入城式」轟炸機隊正列隊飛越維多利亞港。（*Hong Kong News*）

12 在港島上空參與「入城式」的日軍「九八式」轟炸機隊。（香港歷史飛機協會）

13 戰爭爆發時「中航」一架「兀鷹式」正在民航機庫內進行維修，「中航」入夜後曾嘗試將之飛到馬尼拉，但起飛不久便因引擎故障而折返「啟德」。日軍佔領「啟德」後馬上替該飛機塗上日軍紅太陽標誌投入服務。（香港歷史飛機協會）

14「大東亞共榮圈」的航空驛站

淪陷期間，香港的民航業萎縮，航空活動大部分被日本軍事飛行佔據。香港的天空失去了昔日東西薈萃的光芒，航空業在紅太陽的鐵翼下進入黑暗時期。

軍事方面，日本海軍的航空隊伍進駐香港，負責本港及附近水域的空中巡邏。一九四三年後期，日本海軍以香港和海南為基地組成二五四航空隊與盟軍對抗，以保護華南沿岸一帶的日本設施。該航空隊後來被納入九〇一航空隊負責反潛艇偵測和為船艦護航。不過，與鄰近地方如菲律賓相比，香港並非日軍的重點空防基地。

民航方面，日本以臺北、西貢和新加坡為「東亞新時代之空中大道」的空運樞紐，香港只淪為一個次要的航空驛站。國際航線方面，日本國營的大日本航空（Dai Nippon Koku）以陸上飛機經營香港至「大東亞共榮圈」各主要城市的航線。日本海陸兩軍的不咬弦其實亦蔓延至空運業，兩軍一直各自為政。一九四二年中，日本陸軍成立以新加坡為總部的南部航空輸送部（Nanyo Koku Yusobu），以取締大日本航空在臺灣以南的航線。雖然大日本航空在香港的陸上飛機服務被陸軍奪去，但其與日本海軍合作的水上飛機服務則在帝國版圖中繼續自由營運。當時使用的機種主要有三菱（Mitsubishi）MC-20、三菱「九六式」、中島（Nakaijima）製 DC-3 等陸上機和川西（Kawanishi）「二式」及川西「九七式」等水上飛機。

在中國大陸，日本較早時設立了由南京汪精衛政府、北平維新政府及蒙疆聯合自治政府組成的中華航空株式會社，為中國淪陷區提供民航服務。待香港局面穩定後，日本便讓中華航空飛行香港至廣州航線，每日一班，票價為三十日圓。乘客可在廣州轉飛上海、漢口、南京和海口等日佔城市。

當時的乘客絕大部分是日軍、軍眷、日商、專業人員和政府高官，來往地區只限於「大東亞共榮圈」內，港人不能自由從空路進出。據戰時《華僑日報》報道，當時乘搭飛機必須列舉充分理由、有日軍高級軍官之介紹信，並向總督部參謀部申請許可後，方可購票。置身於處處殺機的戰爭時期，民航運作與戰前有天淵之別。由於所有資源都優先撥給軍事用途，民航服務質素下降、航班混亂、飛行安全亦受到欠缺維修和盟軍來襲等因素影響而大打折扣。情況到戰爭後期尤為嚴重，民航服務近乎全面停頓。

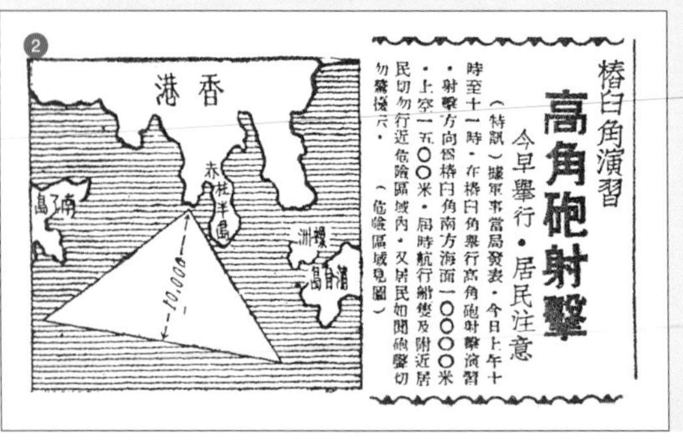

椿臼角演習
高角砲射擊
今早舉行・居民注意
（特訊）據軍事當局發表，今日上午十時至十一時，在椿臼角舉行高角砲射擊演習，射擊方向為椿臼角南方海面一〇〇〇〇米，上空一五〇〇米，屆時航行船隻及附近居民切勿行近危險區域內，又居民如聞砲聲切勿驚擾云。（危險區域見圖）

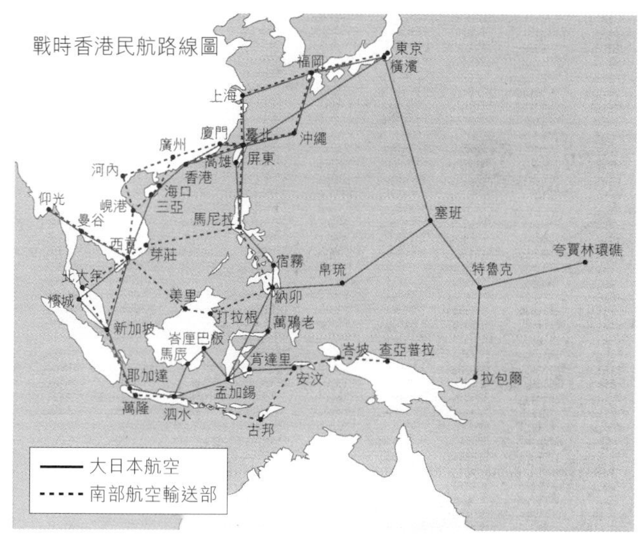

1 日軍「九七式」攻擊機經過「歐亞」Ju-52 的殘骸，攝於 1942 年 2 月。
（香港歷史飛機協會）

2 日軍佔領香港後即展開保衛香港演練。

3 吹噓日本軍力的宣傳印刷品。

戰時的空中旅程

在「大東亞共榮圈」的歌舞昇平假象下，乘搭飛機並不是一種享受。日本人鮫島盛隆牧師戰時被派到香港擔任香港基督教總會顧問，曾數次以空路進出香港，並把經歷詳細記錄於《香港回想記》：

（一九四三年八月下旬），（某個軍官替我）安排搭乘十四、十五號的飛機，那是從福岡的雁巢起飛的。我記得他給我「軍屬證明書」與「陸軍用機搭乘許可證」之類的紙卡。他又說：軍用機的起飛時日因為軍事機密，不能在此明告，所以要到福岡的陸軍指定宿舍等候。到了福岡，那家不很大的日式旅館已有數名軍人或軍屬人員等候班機。然而是年的九月中旬，大雨滂沱，連綿不停，忽有通告說四五日內難望有飛機，各自可以自由行動，但十八日必須回到原處。

鵠候多日的飛機終在九月十九日起飛。這飛機或許是由民營機關徵用來的，機艙座位約有三十。不到一小時，飛機就到上海。事先沒有得通知這架飛機停在上海，所以非常驚訝，有幾名乘客下機，想降落上海必是自始計劃的。飛離上海約二時有半就到廣州。停宿二夜後，乘速度緩慢，且為惡質煤炭所熏污的火柴盒般的火車到九龍。

（一九四四年九月）我暫先歸國，求教高級副官中尾中校安排航班，不巧，在這一段時期中沒有一架飛機將直飛日本，要繞一大圈先去西貢，自西貢會有飛往臺灣的飛機，先到臺灣再說。九月九日過午，小型軍用機搭載四、五名軍人軍屬，飛離當時仍極狹隘的啟德機場。一路順沿中南半島海岸南下，抵達西貢。翌晨再搭同機赴臺灣，它終飛抵臺灣南端的高雄，得悉降落的卻是意料之外的高雄時着實大吃一驚。更困擾的是那裏並沒有接運飛機停候着。有關人員說：「這飛機只到此地……高雄到日本不知何時才有班機……並無一定旅程，一見有餘機到來，就可拜託他們搭載，除此以外別無方法……」說後揚長而去，不知去向。

就在酷暑如蒸，卻靜寂無一人影的遼闊候機室裏，可憐兮兮地呆了一個多小時，突然由南邊天空飛來一機。我如同沙漠中尋到綠洲的人那樣喜出望外，請求他們允我乘搭。管理人用懷疑的眼神盯視了我半天。我連忙示以香港總督的「奏任待遇囑託」身份證明書，並說明因身負特別要務需急赴陸軍省。管理人便進入機艙，不知向何人請示後告誡我說：「上峰認為反正還有座位，就准你搭乘，但盡量坐在機尾座席，不要掀開窗簾觀看外面……」這是架相當好的飛機，乘載四十人往台北似乎綽有餘裕。翌朝，有飛向日本的一架軍用機，便請求搭乘。那架似為運輸用機，沒有固定座位，只有長椅靠窗橫列。這架「問題飛機」起飛經過二十分後，卻突然從機翼的一處噴出汽油似的液體水氣，汩湧不息。我向同乘客說：「好奇怪呀」，並奔告機首的駕駛員。駕駛員這時才發覺，折返臺北。

「幸虧你在那時發覺，若是再前飛一程，我們準因氣油罄盡而墮落海中無疑。」飛機降落後駕駛員這樣說。經過這絕處逢生後我們餘悸未定地互語着：「真是兒戲，險些送了命……」等到修復後同機再度飛離臺北。當可以遠望九州時，機長告知要在新田原降落。這一新田原機場我還是第一次聽到，而那些飛將軍把我們放下後，已經無影無蹤了，剩下我們如墮五里霧中。只好遇人便問「有鐵路的方向是那邊？最近的火車站是何處？」

（上）日軍政府總督磯谷廉介乘機抵港時攝。（日本 NHK 電臺 / 高添強提供）

（下）降落「啟德」後正滑行往停機位的一架 MC-20 客機。（日本 NHK 電臺 / 高添強 提供）

（一九四四年十月底返港），在福岡，與去年一樣，住在同一宿舍候機，這次依然是不知何日何時才有飛機。這次是純粹的軍用機，艙內無何設備，每次震盪，座椅便要被搖落一般。兼我們受到警告說：「為了防備隨時會出現的敵機，必須要繼續低空飛行，乘客應警醒戒備」等，所以一路上如坐針氈，等到飛經南中國海，平安到了廣州，這才放下忐忑之心。

15 擴建「啟德」

在日本的統治下，香港社會多方面的發展受阻，經濟及民生倒退。但在大批戰俘和平民的血汗建設下，啟德機場卻大事擴建，為戰後成為現代化機場奠下重要基礎。雖然「啟德」可說是少數在日佔下有正面得益的奇葩，但當時建設只限於應付軍事需要，其對戰後航空發展的貢獻只是後話，而其代價也不能在此隻字不提。

日軍進佔「啟德」後便立刻加強防禦工事，包括用通電鐵絲網重重包圍機場、四周加建崗樓、安裝探射燈和興建碉堡等。為改善「啟德」以供大型運輸機升降，一九四二年日軍成立啟德飛行場擴張工事事務所，並開始進行一系列改善工程，其中的跑道興建工程極可能是沿用戰前英國的設計藍本的。日軍先後動用了四千名平民及囚於深水埗集中營的戰俘，他們按戰前港府的計劃興建了一條由新蒲崗到現時麗晶花園所在地的水泥跑道，約長一千四百米，座標為 13/31；後再築建另一條 07/25 跑道，由九龍城到現今彩虹邨對出，又把「啟德」的面積擴大一倍至三百七十六畝。

為擴建「啟德」，日軍把宋王臺所在的聖山大部分移平，又拆卸「啟德」原有的民航大樓和遠東航校、啟德濱住宅區、九龍城多條村落和九龍寨城城牆作建跑道和渠道之用，其後又在大帽山興建雷達站。為免對宋帝及其忠臣亡靈不敬，日軍在炸毀宋王臺前先由大群僧侶舉行宗教儀式方敢展開工程。與此同時，中共抗日游擊隊和國民政府特務亦各自潛入「啟德」和其他重要設施為盟軍提供轟炸情報，雖然日軍緊守「啟德」，但機場仍屢受游擊隊潛入襲擊，時有設施和飛機被炸及人員被殺。日佔期間，「啟德」一名得以保留，機場當時稱作啟德飛行場，並未被日軍政府以日式名字取代。

成王敗寇，英國皇家空軍駐港人員及其他同盟國在港軍民投降後被日軍關進集中營，其中部分士兵被徵作擴建「啟德」的苦工，度過一段苦不堪言的歲月。當時大部分皇家空軍人員被囚於深水埗和亞皆老街戰俘營，深水埗營每天都要派出一隊工作隊參與擴建工程。在日軍的嚴厲監督下，他們每天清晨五時許起床，經點名、步操和簡單的早餐後便要起程前往「啟

「啟德」從此轉在友邦日本的管理下，自然更會好好的利用。

——日佔下《華僑日報》首次披露日軍有意擴建「啟德」

德」。有時戰俘們可以乘由天星小輪徵用的渡輪經深水埗碼頭直達九龍城碼頭，但更多時他們都要步行往返。就在日曬雨淋下，戰俘們只能以簡單的工具或徒手進行開山、填海和鋪設跑道等工程，由早上一直幹至黃昏，生活艱苦。在無安全措施的保障下，奪命意外如山泥傾瀉等經常發生，更要隨時走避盟軍的無情轟炸，戰俘和勞工們過着朝不保夕的生活。

但在困境中，仍有國際紅十字會為戰俘提供非常有限的救援物資和通訊服務，以及總部設於曲江的英軍服務團（British Army Aid Group）相助。英軍服務團為一九四二年初成功自深水埗營逃走的義勇軍中校賴廉士（Lindsay Ride）組成，是英軍屬下的一個非戰鬥隊伍，成員由華洋軍民組成。「三年零八個月」期間，英軍服務團為戰俘偷運物資、傳遞消息、搜集情報，甚至協助戰俘逃走。但由於戰俘體質太弱、逃走計劃太冒險和各國軍隊和游擊隊未能配合，成功越獄的戰俘少之又少。

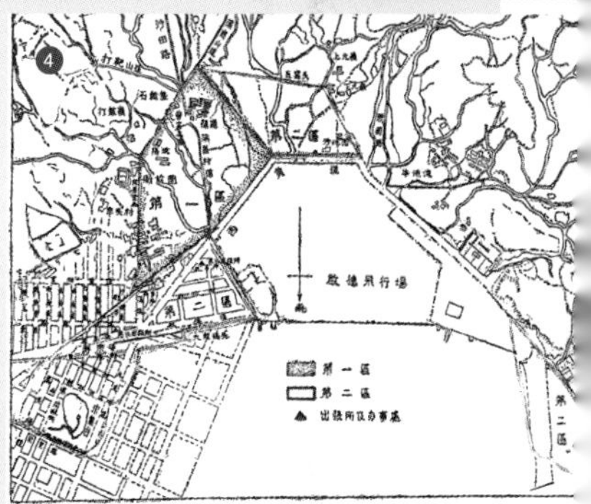

戰俘為暗地裏抵抗日軍，故在建造跑道時偷工減料，馬虎了事，希望令日軍重型飛機升降時發生意外。不過，據載從未有日機因此而出事，倒是戰後「啟德」重開時需要重鋪那兩條不合規格的跑道，令當局大傷腦筋。

日軍為修建「啟德」，遂對九龍城居民強行無償遷徙，造成嚴重後果。除啟德濱住宅和商店工廠外，九龍寨城一帶約二十多條村落亦被強行清拆，包括蒲崗、沙地園、大磡和馬頭涌等，只有少數村落如衙前圍得以幸免於難，估計受影響人數約二萬餘人。日軍的強行遷徙並無金錢賠償，除少數幸運村民被安置往九龍塘和羅湖外，所有村民都頓時流離失所，由於他們是九龍原居民，無鄉可還，再加上大多原於村落務農為生，故「啟德」擴建對他們的生計造成毀滅性的打擊，此後流落街頭而餓死病死的相信大有人在。

不過，值得一提的是，雖然日軍在中國和東南亞等地作出了數之不盡的戰爭罪行，但與之相比，駐港日軍在修建「啟德」期間對戰俘和平民勞工的待遇則較為溫和，如日軍依照國際公約並無強迫被俘的英軍軍官參與體力勞動工作，亦有給予平民軍票和白米、食物作工資。

1 香港淪陷初期，日軍士兵於「啟德」閘門站崗。（《每日新聞》／高添強提供）
2 佔領「啟德」的日軍集結於民航機庫內。（《每日新聞》／高添強提供）
3 日軍所建的07/25跑道，攝於1947年。（民航處）
4 日軍收地通告。

一本空軍戰俘日記

一九三九年，一名廿二歲的英國女子遇上俊朗的皇家空軍上尉，二人相戀、訂婚。未幾，上尉被派到香港服役，戰爭爆發，他經歷了十八天血戰和三年零八個月的艱辛歲月，被折磨至不似人形。戰後二人重逢、結婚、組織家庭，但昔日風度翩翩的空軍英雄變成性格乖僻的心理病人，對過去的事鮮有提及。妻子越是想窺探上尉的內心和過去、他便越退縮和反抗，最後婚姻破裂，上尉更患上精神病。晚年，二人互相諒解，妻子在病床側伴着上尉走完人生最後一步，最終他也沒有説四十多年前在香港遇到的事，只留下一本戰時偷偷以自創數字密碼寫成的日記。年邁的妻子懷着忐忑的心情，最終鼓起勇氣四出找人翻譯，但卻四處碰壁，直至十年後才被一名數學家破解，帶她返回半世紀以前的香港。

這並非一齣虛構的傾城之戀，而是唐納德・希爾上尉（Flt Lt Donald Hill）和其妻彭美拉・柯拉格（Pamela Kirrage）的真人真事。

為免違反英軍規例和被日軍發現，希爾的私人日記以看似雜亂無章的數字在一本普通的數學習作簿寫成，他以平淡冷靜的筆觸記錄了一九四一年十二月七日至翌年三月卅一日的事情。血戰過後，希爾被關進深水埗戰俘營，開始漫長的艱辛日子。戰爭爆發後，九龍多處出現趁火打劫，希爾與皇家空軍駐港指揮官蘇利雲中校（Wing Cdr H. G. Sullivan）等六千人被送到空空如也、連門窗也被搶劫一空的深水埗軍營，眾人在飢寒、疾病、絕望和日軍的淫威交迫下生活。

戰俘營中的糧食極之不足，戰俘只可分配到不及成人正常所需三分一的食物，有時甚至被迫吃變壞了的東西，致使營養不良、食物中毒非常普遍。另外營中衛生條件極差，希爾目睹同袍一個個因痢疾、傷寒、腳氣病、白喉等病倒，自己亦染上食物中毒、腳氣病及糙皮病而引發眼疾。戰俘和平民一樣隨時與死神握手，生命朝不保夕。除病死、餓死和凍死外，希爾亦記述常有戰俘逃走時被亂鎗掃射、在「啟德」開工時被山泥活埋、營外偷偷售賣食物予戰俘的平民被肆意射殺，屍橫遍野。事實上，到一九四二年中已有三百多名戰俘死亡。

無法與外界聯繫是另一件消磨意志的事情，面對混亂的資訊，戰俘每每空歡喜而又迷惘。在絕望中，戰俘普遍士氣低落，行為開始無紀律，私人紛爭外更出現族裔衝突，一九四二年一月廿一日英國米特錫團隊和印度士兵便發生打鬥。希爾等一眾軍官忙於約束士兵，要他們上紀律課，甚至威脅將違紀者交給日軍直接管理。不過，希爾總強調皇家空軍表現良好、與滋事分子劃清界線。*

這時期，給予戰俘最大協助的是一群在鐵絲網外提供糧食和物資的香港人，他們當中除了發戰爭財的商販外，很多都是戰俘的華裔妻子或情人。希爾也不例外，在戰爭爆發前結交了一個洋名 Florrie 的香港女子，Florrie 就在希爾身陷囹圄時風雨不改到深水埗營送食物、衣物和各樣物資，直至一九四三年她失蹤為止。日軍對這些婦女可非時常都客客氣氣，他們有時會捉着婦女，把她們脱光，然後在眾人面前毆打，或甚至射殺她們。

日軍後來要到一九四二年六月才在國際紅十字會的壓力下批准戰俘每月寫一封信回家，內容得由日軍審查，而日軍又不着急處理戰俘家書，信件往往都如石沉大海。希爾寫給柯拉格的多封信件彷彿去如黃鶴，而柯拉格於一九四二年七月寫給希爾的信則要到翌年四月才到希爾手中，兩人終於恢復聯絡。

一九八五年，希爾病逝，柯拉格最後於一九九六年找到英國薩里（Surrey）大學數學及電算機科學系的艾斯頓博士（Dr. Philip Aston）相助翻譯日記。半年來，電腦運算毫無結果，正當想放棄之際，艾斯頓嘗試投入希爾的內心進行猜估，最終找出數字密碼運算的關鍵英文字組：DONALDSAMUELHILLPAMELASEELYKIRRAGE——就是希爾和柯拉格名字緊扣一起的全寫。「希爾日記」只記錄了淪陷首三個月的情況，雖然並非最詳盡的一份戰俘見證，但他的故事會是戰爭遺害的一個印記。

* 一九四二年四月後，軍官轉囚於亞皆老街集中營，印度士兵則送往馬頭涌集中營。

（上）拘留營內骨瘦如柴的戰俘，攝於日本投降後。（高添強）
（下）圖為希爾上尉在戰俘營內用密碼撰寫的日記其中一頁。（*The Code of Love*）

16 盟軍反攻與戰爭結束

太平洋戰爭爆發後，日本海陸空三軍勢如破竹，閃電式於不足六個月內攻破香港、菲律賓、馬來亞、新加坡、印尼和緬甸等地，英美荷三國卻節節敗退，被全面逐出東南亞地區。喘定以後，以美軍為首的盟軍展開一連串反擊，作為日軍運輸的重要港口，香港自然成為盟軍打擊的重點之一。雖然盟軍襲港對解放香港有某程度的正面作用，但諷刺的是，盟軍空襲卻是「三年零八個月」期間香港人的另一苦難源頭。

隨着日本帝國大大擴張，香港雖然再非前線戰場，但卻成為盟軍空襲的重點之一。盟軍襲擊香港的目的主要是切斷日軍的後方補給，以便打擊日軍前線的作戰能力。一九四二年十月陳納德（Claire L. Chennault）致函美國總統羅斯福，試圖遊説白宮支持他建立新的獨立駐華空軍，當中他生動地提及他的作戰宏圖：

「日本一定會想辦法保住香港、上海和長江流域。對日本而言，這些地方和本土一樣重要。我可以讓日本空軍不得不全力保護這些地方……我有信心以一比十或二十的比例擊敗日本空軍。當日本空軍不再進入我的警報系統內作戰，我便主動出擊，以中型轟炸機去搗毀西南太平洋的海運補給路線。不出數月，敵人將嚴重損失飛機……那時我就能派重型轟炸機轟炸東京和神戶、大阪、名古屋三角地帶，進而癱瘓敵人的軍事補給能力，日本也就無法將彈藥供給佔領地。若中國、馬來亞和荷屬東印度等地沒有彈藥，中國陸軍、太平洋美國海軍及從澳洲反攻的麥克阿瑟對抗敵人的代價都會減至最低……」

雖然戰況最後並非依此理想發展，陳納德不但未能參與空襲日本本土，更在中國戰區吃盡苦頭，但以上的想法正好説明了襲擊香港能打擊日軍的補給和軍事部署，其連鎖效應一定程度上協助盟軍反攻。自一九四二年十月起，美軍的合眾（Consolidated）B-24 及北美（North American）B-25 轟炸機開始轟炸香港，其後陳納德少將被委任率領第十四空軍，此軍成為襲港的盟軍主力部隊之一，其前身之一為戰績彪炳、綽號「飛虎隊」（The Flying Tigers）的僱傭兵「美國援華航空志願隊」（American Volunteer Group, 簡稱 AVG）。

1 B-25 正低空向「維港」上的日本船艦投彈。（香港歷史飛機協會）

2 第十一轟炸中隊大舉襲擊「維港」上的船隻。（Sgt. Robert E Mongell 藏品 / John Mongell 提供）

3 1944 年 10 月 16 日，美軍第十一轟炸中隊的 B-25 機群在港島西區進行低空轟炸，照片由 B-25 機尾機鎗手 Sgt. Robert E Mongell 作戰時所攝。（ John Mongell 提供）

4 B-24 機隊投彈後馬上離開，日軍一架「零戰」正火速爬升還擊（油蔴地避風塘方向）。（U.S. National Archives / 香港歷史飛機協會提供）

5 1944 年 12 月盟軍突襲「啟德」，使一架日軍「零戰」被毀。(*History of Royal Air Force Kai Tak*)

6 1944 年 10 月 16 日美軍 B-24 機群正進行高空空襲的情形，惜誤中紅磡區民居。圖中可見當時「啟德」已擴建，明顯比戰前大許多。（U.S. National Archives / 香港歷史飛機協會提供）

為抵禦盟軍晚間轟炸，香港日軍政府總督磯谷廉介頒佈燈火管制法規，嚴禁黃昏後住宅和漁戶有燈光外洩或於戶外生火和照明，包括限制街燈和交通工具照明燈使用，否則軍法處置，此舉對市民的起居飲食和商舖經營造成很大困擾。日本軍艦、荔枝角油庫、啟德機場和其他重要港口設施，包括黃埔、太古及金鐘的船塢成為轟炸重點，但相比於日、德本土所受的大型空襲，香港可說是小巫見大巫。

與其他戰場相比，美日在香港上空的空戰亦不算太頻密。盟軍戰機主要從昆明、桂林和南雄的空軍基地出征，而日本空軍則從廣州「天河」、「白雲」和「啟德」升空迎戰。一九四四年底美軍重奪菲律賓，太平洋上的航空母艦艦隊得以加入對香港的空襲，有時一天空襲幾次，有時更地氈式轟炸一整天及投擲燃燒彈。對於期待已久的盟軍終於出現，香港人並無欣喜之情，因為美機經常誤炸灣仔、中環、旺角和深水埗等地的民房和學校，造成巨大傷亡。而投擲燃燒彈更往往引起大火，過程慘絕人寰，資深報人謝永光這樣記述當時的經歷：

「一九四五年六月十二日上午十時二十分，美機五十九架分批空襲香港，這一次投擲的是燃燒彈，港島中環區房屋多幢被焚毀。永吉街陸羽茶室門前，皇后大道中的中央戲院、江蘇酒家對面及蘇杭街住宅多幢中彈。由於中彈的多屬舊木樓，每幢中彈後即發生大火，無法灌救，一直燒到通頂為止。經過這次教訓，市民才懂得儲備一桶桶的砂粒，以備作為救火之需。因為木樓如被燃燒彈擲中，如果用水灌救，只會越燒越烈，只有用砂粒鋪在火頭上面，才能將火勢撲滅。……這天美機入夜仍來襲，擲下大量燃燒彈，炸彈投中地面時爆開膠質的東西，黏着人、牆、鋼窗就會引起燃燒。時在黑夜，事出倉卒，着火焚燒的人，無法自救，只好倒在地上打滾，狂呼救命！」

到一九四五年三月，敗跡盡露的日軍重組空中力量作垂死掙扎，第二十四航空隊進駐香港，但只能對盟軍來襲作零星反抗。同年八月六日及九日，美軍的波音 B-29「超級堡壘」（Superfortress）重型轟炸機向日本廣島和長崎投擲原子彈，日軍於十五日投降，英軍隨後接收香港並重駐「啟德」。時移勢易，日軍淪為戰俘被關進集中營，部分被徵用重建啟德機場。

7

8

日佔期間，香港本土及鄰近地區和海域總共受到盟軍近七十次空襲和突擊，香港本土共有二萬多所房子被毀，約十七萬人無家可歸，死傷無法估計。時至今日，我們仍偶會在各區發掘出當年未爆的投彈。

7 1945 年 1 月 15 日，美國海軍第三十八特遣艦隊大舉空襲港島及「維港」上的船隻，多處發生大火。是次行動盟軍損失慘重又誤炸赤柱集中營和澳門，行動以失敗告終。（Australian War Memorial 檔案編號：304270）

8 B-25 機群高空襲港，美孚油庫中彈焚燒。（U.S. National Archives / 香港歷史飛機協會提供）

9 1945 年 1 月 16 日，美國海軍航空隊襲擊太古船塢，圖中貨船被擊中後正發生猛烈爆炸。（Australian War Memorial 檔案編號：305152）

10 B-24 機隊正進行高空轟炸。

11 1945 年 8 月 29 日，英國皇家海軍航空隊一架「復仇者」(Avenger) 戰機成為首架重返「啟德」的英國軍機，但降落時右機輪卻被地上碎片刺破。（Imperial War Museum 檔案編號：ABS803 / 高添強提供）

盟軍第一擊

一九四二年中開始，盟軍開始部署反擊日軍據點的行動，但面對着如日方中的日本空軍，襲擊香港絕非易事。反擊行動需要精密部署和天時地利配合，重任就落於陳納德的參謀庫帕上校（Col. Meriam C. Cooper）身上。

襲擊香港的首要困難是長途航距。桂林基地與香港的直線距離為三百二十五哩，單這個航程對盟軍飛機是綽綽有餘，但由於作戰飛行並不會中途在港降落加油，所有飛機必須回頭飛返桂林方可降落，故實際連續航距變成六百五十哩，對為中程任務而設計的 B-25 及 P-40 來說實在是一個考驗。而事實上，盟軍機隊根本不能簡單地由桂林直線飛抵香港，因為途中的廣州早已是日軍重鎮，市內的天河和白雲機場有大量日本戰機駐紮，故盟軍必須繞道廣州上空飛行，令實際航距大大增加。此外，由於預計在港施襲時定必會與駐港日機爆發空戰，故各護航戰機必須額外再加燃料以供在港上空逗留，否則最後會因燃料用盡而墜毀，造成無謂損失。

為克服這個難題，庫帕着手加強裝備和訂下詳細的作戰計劃。首先，盟軍需要趕運大量飛機燃油、零件和地勤人員往桂林備戰，以保證有足夠的資源整裝待發。在資源匱乏和落後的中國西南部，這些行動可說是個天大困難。首先由於滇緬公路失守，所有物資皆要由「駝峰路線」從印度空運至昆明，然後再由中國百姓以滾筒式運送和有限的貨車經幾百哩長的泥路送至桂林。當時，以貨車從昆明輸送一天用的燃油到桂林需時四十天，以人力滾送則要七十五日。飛機方面，每架 B-25 所攜帶的炸彈和燃油數量亦要經過精心計算，以確保轟炸機不會過重而使在航程中多耗燃油。鑑於 P-40 戰機不宜長途飛行，陳納德需要先引入一批長途型的 P-40E 戰機。P-40E 戰機可於機肚外置一個弧形輔助燃油箱，以額外提供七十五加侖燃油，若中途遇上空戰，機師可以投棄此油箱以加強戰機飛行性能，提高作戰能力。最後，桂林基地必須搜集足夠天氣和敵軍情報，防止機隊遇上強勁逆風或惡劣天氣而消耗燃油，更要掌握港九各處和「維港」上的襲擊目標，力求一擊即中，減少在港上空停留的時間。

一九四二年十月二十五日星期日清晨，華南地區天氣良好，盟軍第一擊蓄勢待發。早上六時許，十二架 B-25、十二架 P-40E 戰機自五百哩外的昆明飛往桂林基地集結，戰機群於九時半先行抵達，而笨重的 B-25 群則於兩小時後才飛抵桂林。到步後，地勤人員立即展開各項加油和武器裝卸工作，機隊隨即出征。所有 B-25 順利起飛後，兩架 P-40E 分別因引擎故障

和在機場上發生碰撞受損而不能起飛，只剩下十架出發護航。未幾，再有兩架 P-40E 分別因引擎和輔助油箱失靈而要折返桂林，最後只餘八架戰機向香港出發。

當飛抵離廣州以北約半小時的距離時，機隊朝西在廣州三十哩外繞道，全體進入作戰陣式，轟炸機隊爬升至一萬七千呎，而護航機隊則在二萬呎高空緊隨其後，成功避開駐穗日軍耳目。繞過廣州後，機隊立即全速左轉朝香港長驅直進。機隊約於下午三時半飛抵香港上空，立即向「維港」上的日軍船艦開火，並轟炸油蔴地至尖沙咀一帶的碼頭、油庫和貨倉設施。在猛烈的防空炮火還擊下，B-25 機群投下合共七十二枚的三萬磅燃燒彈和七千磅普通炸彈，後旋即掉頭回航。同時，盟軍戰機群散開並投棄輔助油箱，一面保護 B-25 進行轟炸，一面與二十多架自「啟德」火速爬升的「零式」、「屠龍」和「隼式」戰機進行追逐戰。據斯科特上校（Col. Robert Scott）回憶，當他在「維港」上空擊落日機後曾飛到赤柱集中營上空激勵戰俘士氣，再飛回尖沙咀向當時成為日軍重地的半島酒店猛烈掃射，大樓內的官兵立即如蟻群般往街上狂奔逃命。

每一場火併都是生死時刻，其中德布瓦斯中尉（Lt. DeBois）在擊中一架日機後與同袍失散並被另一架日機窮追射擊，鑑於燃料有限，德布瓦斯立即撤退並全速北返桂林，與尾隨日機追逐良久方成功逃脱。另外，在轟炸機群殿後、由阿勒斯上尉（Capt. Howard O. Allers）駕駛的 B-25 在空襲時右邊引擎被擊中着火後航速下跌，漸被機隊拋離。正當七架日機從後追擊之際，兩架 P-40E 趕到回防，與 B-25 上的機槍手一同擊散日機，但其中一架 P-40E 最後被日機擊中，立即負傷北返，最終挨到華南自由區內強行着陸，機師生還。而該 B-25 後來再被擊中，北返途中在日佔區域強行着陸，除副機長和領航員成功逃到自由區外，阿勒斯和全體機員皆被日軍俘獲。

餘下的飛機和人員於下午安全飛返桂林，美軍情報官員總結戰機隊和轟炸機機槍手分別擊落十一及七架日機，並成功炸毀九龍的設施。盟軍首次出師香港順利，當晚九時正，第二隊襲港機隊共六架 B-25 在無戰機護航下起飛前往轟炸電力設施，全部安全回航，為此後兩年半的空襲掀起序幕。

（左）1944 年參與轟炸香港的美軍第十一轟炸中隊隊員於大後方基地與 B-25 合照，後排左一為 Sgt. Robert E Mongell。（Sgt. Robert E Mongell 藏品 / John Mongell 提供）

（中）盟軍 P-40 機隊在大後方基地準備出擊。（U.S. National Archives / 香港歷史飛機協會提供）

（右）盟軍機師在研究襲港戰略的情形。（U.S. National Archives / 香港歷史飛機協會提供）

兩軍在香港上空力量比拼

二戰期間，除了英國駐港的幾架舊式戰機不堪一擊外，日軍與盟軍都出動多種先進軍用飛機在香港作戰，各有優劣之處。從各種戰機的性能和機齡可見，英日兩軍戰力懸殊，香港淪陷不足為奇。由於負責投擲原子彈而聲名大噪的美國 B-29 巨型轟炸機並未參與「香港攻防戰」，實為不幸中之大幸。

日本

戰機繪圖：Simon Sung

愛知「零式」水上偵察機 （Aichi E13A）

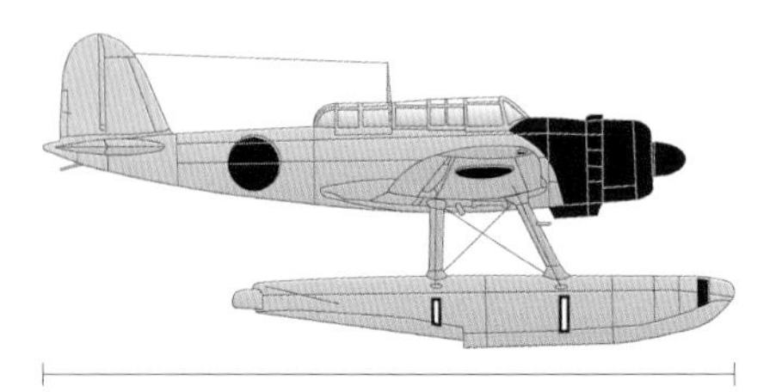

11.3M

最大速率：每小時 375 公里
續航距離：2,089 公里
武器裝備：7.7 厘米機槍一支、20 厘米機炮一支及 250 公斤炸彈
面世年份：1940
主要任務：「十八天戰役」中擔任偵查任務，佔領香港期間負責巡邏附近水域

中島「九七式」攻擊機（Nakajima Ki-27）

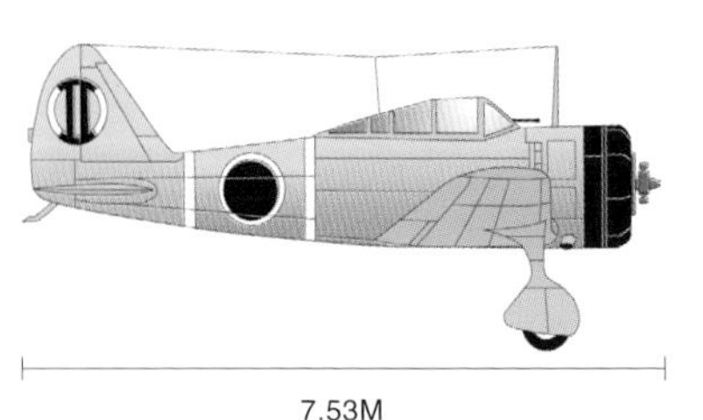

7.53M

最大速率：每小時 470 公里
續航距離：1,705 公里
武器裝備：7.7 厘米機槍一支及 800 公斤炸彈或魚雷
面世年份：1936
主要任務：「十八天戰役」中負責為「九八式」轟炸機護航

川崎「九八式」輕型轟炸機（Kawasaki Ki-32）

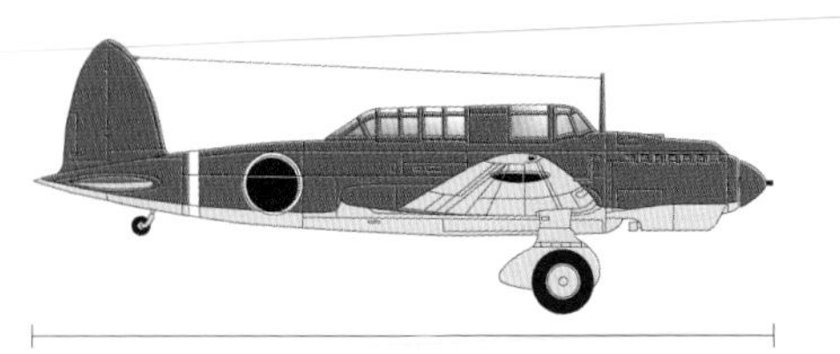

11.64M

最大速率：每小時 423 公里
續航距離：1,960 公里
武器裝備：7.7 厘米機槍兩支及 450 公斤炸彈
面世年份：1938
主要任務：「十八天戰役」中主力轟炸機，曾轟炸港九多處並參與「入城式」

中島一式「隼」戰機（Nakajima Ki-43 Hayabusa）

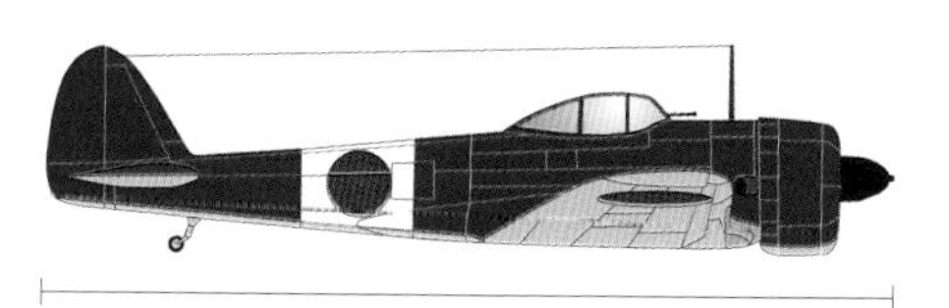

8.92M

最大速率：每小時 530 公里
續航距離：1,620 公里
武器裝備：7.7 厘米機槍兩支及 60 公斤炸彈
面世年份：1938
主要任務：在港上空截擊來襲的盟軍轟炸機

中島二式「鍾馗」戰機（Nakajima Ki-44 Shoki）

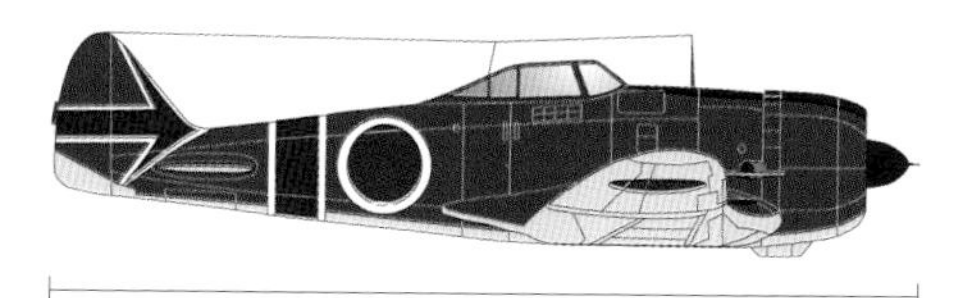

8.84M

最大速率：每小時 605 公里
續航距離：1,700 公里
武器裝備：12.7 厘米機槍四支及 200 公斤炸彈
面世年份：1940
主要任務：在港上空截擊來襲的盟軍轟炸機

川崎二式「屠龍」戰鬥機（Kawasaki Ki-45 Toryu）

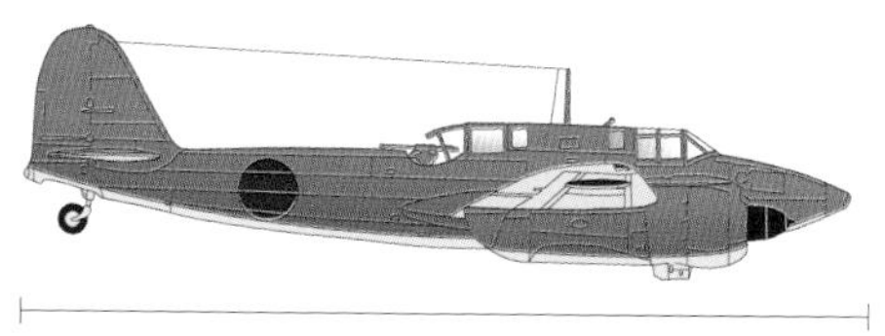

11M

最大速率：每小時 540 公里
續航距離：2,000 公里
武器裝備：37 厘米機槍兩支、20 厘米機槍兩支、7.92 厘米機槍一支及 500 公斤炸彈
面世年份：1941
主要任務：負責攻擊及截擊盟軍軍機

三菱「零式」戰機（Mitsubishi A6M2 Zero-sen）

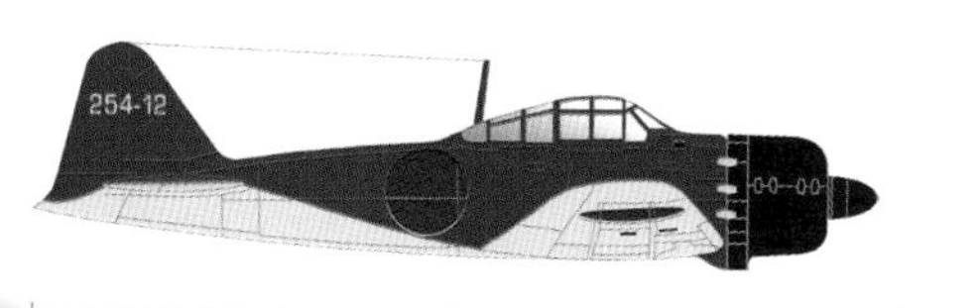

9.06M

最大速率：每小時 534 公里
續航距離：3,104 公里
武器裝備：7.7 厘米機槍兩支、20 厘米機炮兩支及 120 公斤炸彈
面世年份：1940
主要任務：為日本海軍二五四航空隊駐港主力機種，戰爭期間經常與美軍機隊在港上空作戰

川西「九七式」飛艇（Kawanishi H6K）

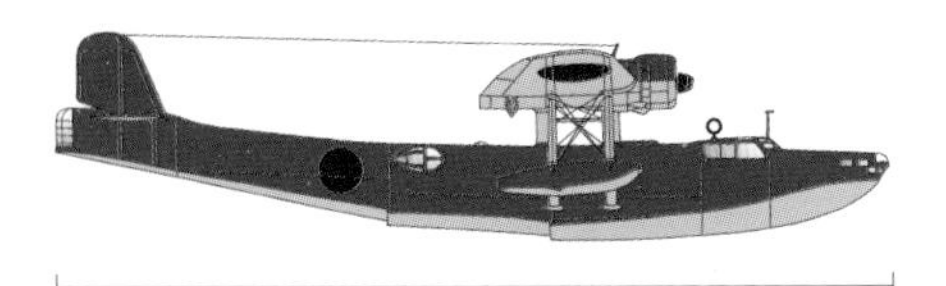

25.63M

最大速率：每小時 385 公里
續航距離：6,775 公里
武器裝備：7.7 厘米機槍五支、20 厘米機炮一支及 1,000 公斤炸彈
面世年份：1938
主要任務：負責海上巡邏和運輸

川西「二式」飛艇（Kawanishi H8K）

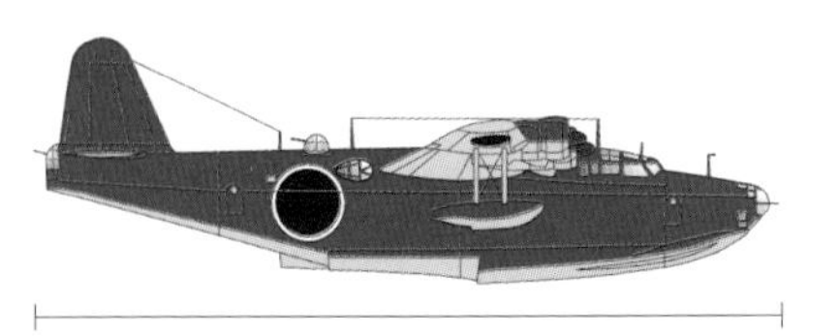

28.18M

最大速率：每小時 454 公里
續航距離：7,153 公里
武器裝備：7.7 厘米機槍三支、20 厘米機炮五支及 2,000 公斤炸彈
面世年份：1940
主要任務：負責海上巡邏和運輸

英國

維克斯「大羚羊式」戰機（Vickers Vildebeest）

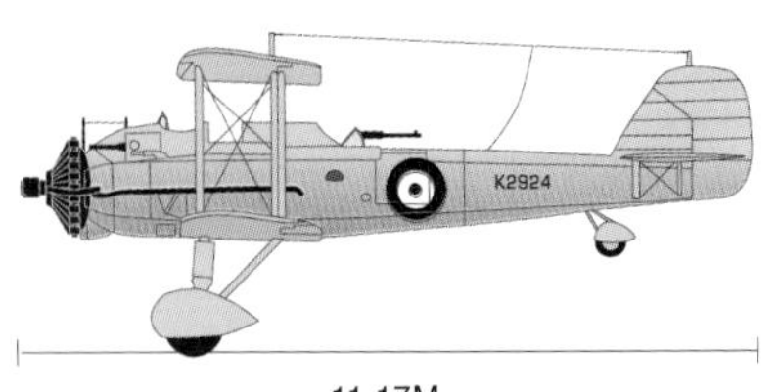

11.17M

最大速率：每小時 230 公里
續航距離：2,500 公里
武器裝備：點 303 口徑機槍兩支
面世年份：1928
主要任務：日軍侵港前有三架駐守，負責在港上空及附近水域巡邏，日軍突襲「啟德」時一架被炸毀，餘下兩架被英軍銷毀

超級馬林「海象式」戰機（Supermarine Walrus）

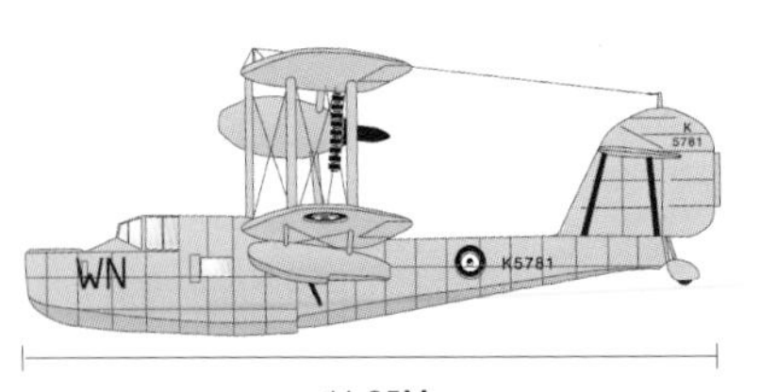

11.35M

最大速率：每小時 217 公里
續航距離：966 公里
武器裝備：點 303 口徑機槍三支及 272 公斤炸彈
面世年份：1936
主要任務：日軍侵港前只有兩架駐守，負責在港上空及附近水域進行偵測任務，日軍突襲時全部被毀

美國

北美 B-25B「米契爾式」轟炸機（North American B-25B Mitchell）

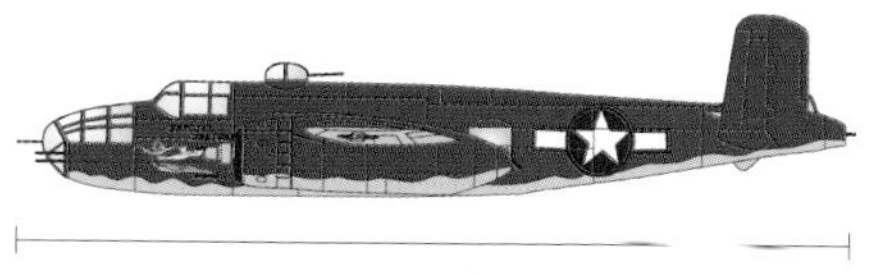

16.13M

最大速率：每小時 483 公里
續航距離：2,172 公里
武器裝備：8 厘米機首機槍一支、12.7 厘米機槍四支及 1,361 公斤炸彈
面世年份：1941
主要任務：隨十一及三四一中程轟炸機大隊在香港上空進行多次低空轟炸及襲擊船隻

合眾 B-24J「解放者式」轟炸機（Consolidated B-24J Liberator）

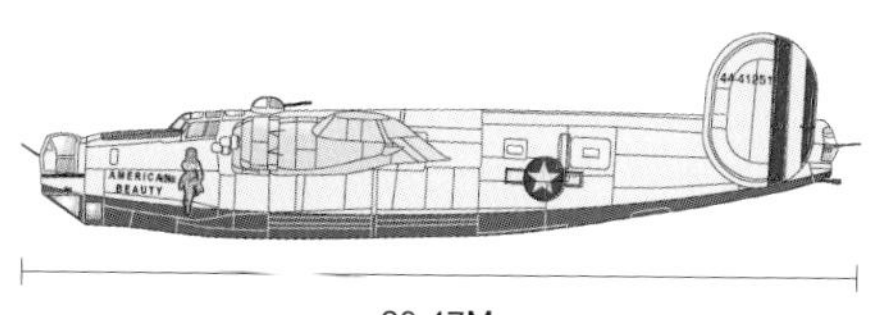

20.47M

最大速率：每小時 483 公里
續航距離：3,380 公里
武器裝備：12.7 厘米機槍十支及 3,992 公斤炸彈
面世年份：1940
主要任務：隨三零八及四十三重轟炸機大隊在香港上空進行多次高空轟炸

寇蒂斯 P-40E「戰鷹式」戰機（Curtiss P-40E Warhawk）

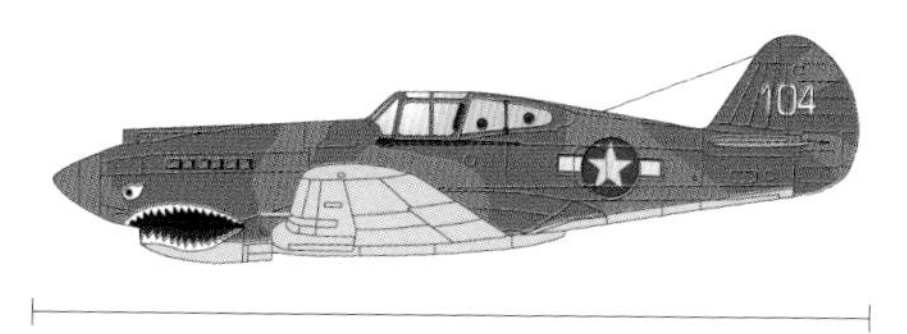

10.16M

最大速率：每小時 582 公里
續航距離：1,368 公里
武器裝備：12.7 厘米機槍六支
面世年份：1941
主要任務：自 1942 年起為十四空軍襲港主力，直至戰爭結束為止

北美 P-51D「野馬式」戰機（North American P-51D Mustang）

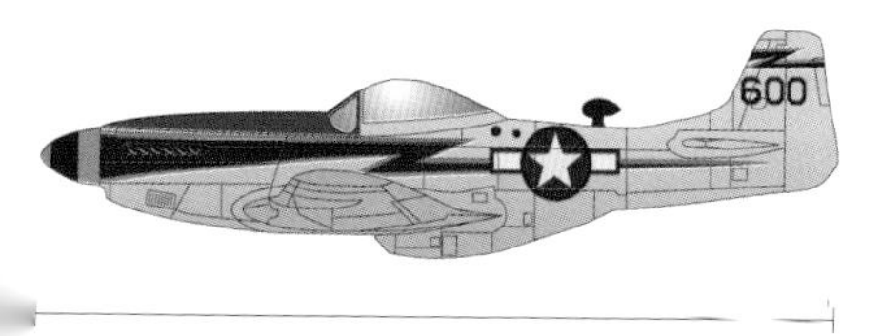

9.83M

最大速率：每小時 704 公里
續航距離：3,700 公里
武器裝備：12.7 厘米機槍六支、火箭彈六枚及 900 公斤炸彈
面世年份：1940
主要任務：1943 年起成為十四空軍襲港的護航主力機種

洛歇 P-38L「閃電式」戰機（Lockheed P-38L Lightning）

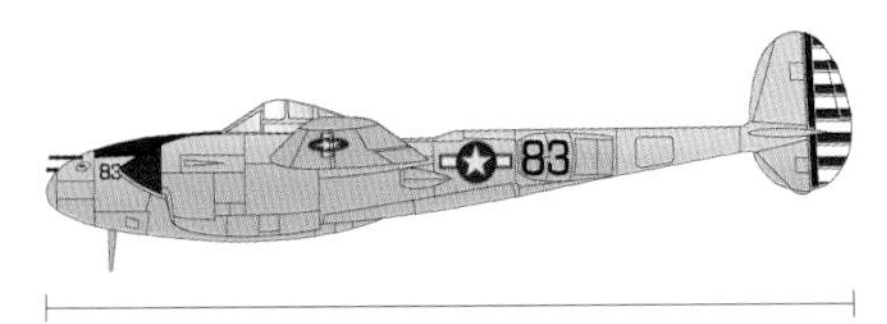

11.53M

最大速率：每小時 667 公里
續航距離：4,184 公里
武器裝備：12.7 厘米機槍四支、20 厘米機炮一支及 1,450 公斤炸彈
面世年份：1939
主要任務：1943 年起隨第四四九戰鬥機中隊為襲港轟炸機護航

格魯曼 F6F-5「地獄貓式」戰機（Grumman F6F-3 Hellcat）

10.16M

最大速率：每小時 594 公里
續航距離：1,750 公里
武器裝備：12.7 厘米機槍六支、火箭彈六枚及 900 公斤炸彈
面世年份：1942
主要任務：1945 年 1 月起隨美軍第三十八特遣艦隊襲港，主要為「地獄俯衝者式」轟炸機護航

寇蒂斯 SB2C-1C「地獄俯衝者式」轟炸機（Curtiss SB2C-4 Helldiver）

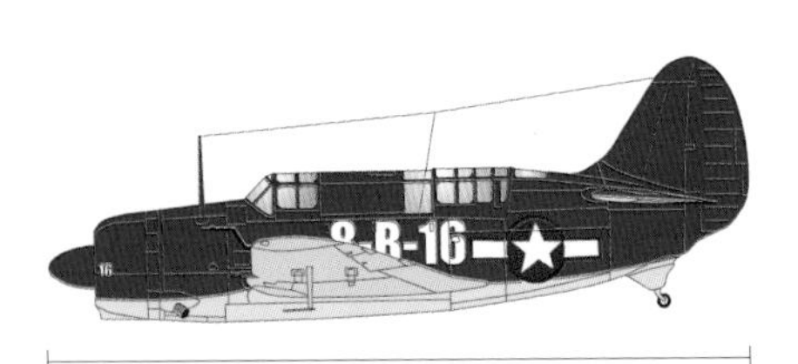

11.2M

最大速率：每小時 473 公里
續航距離：3,100 公里
武器裝備：12.7 厘米後座機槍一支、20 厘米機炮兩支及 900 公斤炸彈
面世年份：1940
主要任務：於戰爭後期為美國海軍轟炸香港的主力機種之一

「戰火逃城」

「三年零八個月」期間美日在港上空爆發過多次空戰，多架盟軍戰機和轟炸機曾被日機和高射炮擊落，倉皇逃生的盟軍機師、如狼似虎的日本追兵和神出鬼沒的東江縱隊展開了一場場緊張刺激的生死追逐戰。淪陷時期，中國共產黨領導的東江抗日游擊隊（簡稱「東江縱隊」）屬下之港九獨立大隊活躍於九龍、新界及大嶼山各地，除伏擊日軍、破壞設施、搜集情報和協助文化名人撤退外，營救盟軍亦是他們的輝煌戰績之一，其中以拯救克爾中尉（Lt. Donald W. Kern）一役最為著名。

一九四四年二月十一日，第十四空軍指揮官克爾中尉率領二十架戰機及十二架轟炸機從桂林出發飛抵香港進行突襲，克爾的戰機在「啟德」上空作戰時中彈着火，被迫跳傘逃生。正當「啟德」一帶的日軍都擎槍等待克爾從天徐徐而降時，他卻被大風吹至沙田觀音山吊草岩附近。當大批日軍從四方八面攀山追截之際，港九大隊綽號「石頭仔」的十四歲交通員李石首先發現負傷降落的克爾，立即領他到附近山洞和土坑匿藏。避過日軍首輪搜索後，二十歲的女民運員李兆華實行「偏向虎山行」之計帶克爾到日軍盤據的北圍村附近匿藏數天，及後再由槍隊掩至保護。

據載當時日軍出動上千海陸空追兵將沙田至西貢一帶的山頭和村落包圍搜捕，游擊隊和克爾在連綿的山頭邊躲邊逃兩個多星期後終能突圍至西貢大本營。為了把克爾送離香港，大隊隊長蔡國樑施以調虎離山之計，派人炸毀窩打老道火車橋，以及調動劉黑仔的槍隊夜襲「啟德」，炸毀機庫和油庫，又散發謠言說會襲擊市區軍政要點，迫使日軍解除圍剿，退守九龍。最後克爾成功逃出香港並被送返桂林，再度投入作戰。

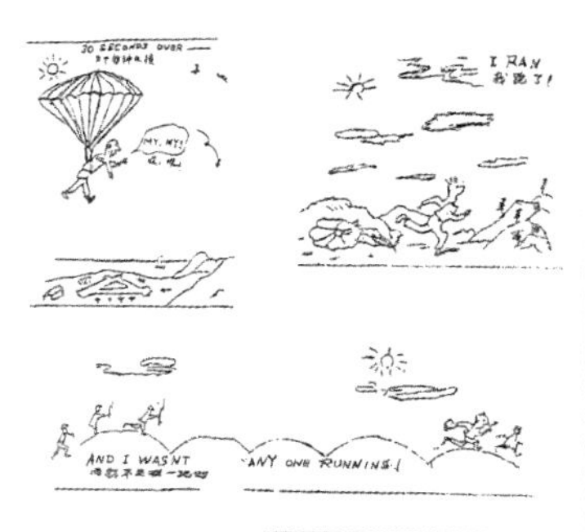

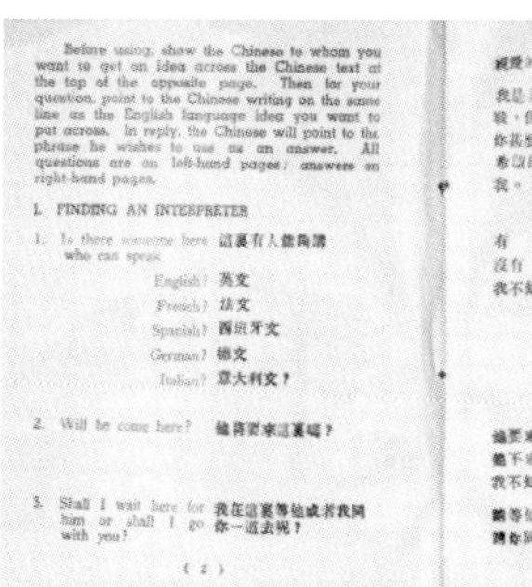

Before using, show the Chinese to whom you want to get an idea across the Chinese text at the top of the opposite page. Then for your question, point to the Chinese writing on the same line as the English language idea you want to put across. In reply, the Chinese will point to the phrase he wishes to use as an answer. All questions are on left-hand pages; answers on right-hand pages.

I. FINDING AN INTERPRETER

1. Is there someone here who can speak 這裏有人能夠講
English? 英文
French? 法文
Spanish? 西班牙文
German? 德文
Italian? 意大利文？

2. Will he come here? 他將要來這裏嗎？

3. Shall I wait here for him or shall I go with you? 我在這裏等他或者我同你一道去呢？

(2)

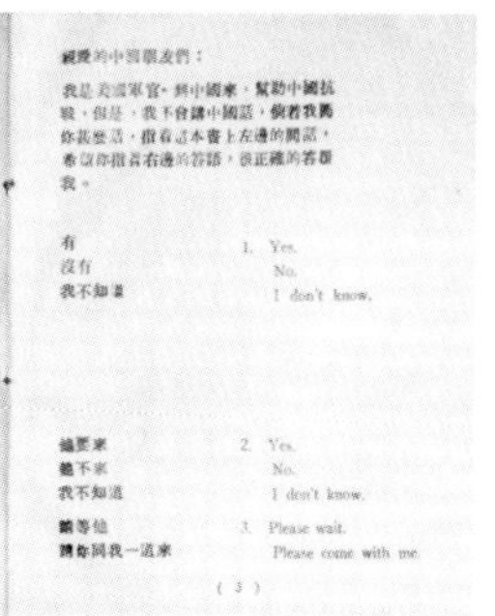

親愛的中國朋友們：

我是美國軍官，到中國來，幫助中國抗戰，但是，我不會講中國話，請看我與你談話，指看這本書上左邊的問話，希望你指着右邊的答話，很正確的答覆我。

有 1. Yes.
沒有 No.
我不知道 I don't know.

他要來 2. Yes.
他不來 No.
我不知道 I don't know.

請等他 3. Please wait.
請你同我一道來 Please come with me.

(3)

（左）克爾中尉（Donald W. Kern）親自繪畫如何逃亡及被港九大隊拯救的經過。（徐月清）

（右上）圖為中國地勤人員和美國飛虎隊，請留意盟軍制服上縫有求救布。布條內容為：「來華助戰洋人（美國），軍民一體救護。」（楊克林）

（右下）盟軍機師作戰時的溝通手冊，以便被擊落後能向中國人求救。（Sgt. Walter J.Wipperfurth 藏品 / Bobbe Marshall 提供）

戰後發展

戰後，香港幸免於周邊紛亂的戰火，成為世界兩極的交叉點。經過數十載的經營，香港已成為享譽世界的空運中心，並擁有傑出的航空機構、傳奇的啟德機場、不可思議的航空交通流量和許多富歷史意義的航空事件。隨着內地改革開放、九七回歸、新機場啟用，香港正等待着超級珍寶世紀的來臨，並邁向一片新的天空。

CATHAY PACIFIC

17 紛亂的民航復原期

二次大戰期間多國大力發展航空技術，並大量製造飛機及培訓飛行員。戰後這些資源都紛紛轉為民用，再加上各國重建經濟，令全球和香港的民航業劫後重生。和平後首五年可說是香港民航業的「戰國年代」，除了傳統的中、英、美三國重霸「啟德」外，亞太區內新興的中小型地區航空公司亦飛抵香港。更重要的是，當時空運服務供不應求，令來自五湖四海的退役飛行員有空間以香港為基地建立小型地區航空公司，打下本地民航業的基礎。

一九四五年九月開始，以「中航」為首的十多間航空公司先後重開或開闢香港航線。「中航」提供來往香港與內地各大城市、臺北、馬尼拉、東京、加爾各答、曼谷和舊金山等地的服務，與前身為歐亞航空的中央航空公司（Central Air Transport Corp., 簡稱「央航」）成為「啟德」的最大用戶，佔總用量五至七成。

在美國的資金、技術和人才作多年後臺下，「兩航」（尤其是「中航」）的規模和質素皆執遠東區之牛耳。「中航」除了使用二戰退役的道格拉斯 C-46 和 C-47 營運外，亦購置全新的 DC-4「空中霸王」（Skymaster）客機飛行上海和舊金山等重點航線，機隊總數為四十一架，全為美製飛機。據記載，「中航」當時的規模高踞全球十大，更是遠東區最大的航空公司。在數百名優秀華洋機師、工程師、地勤人員和漂亮的華籍空姐服務下，「中航」集中西優點之大成，成功發展為當時舉足輕重的一間國際航空公司。至於「央航」，其名聲一直被「中航」的風采蓋過。「央航」的黃金航線為港穗線，一九四八年時擁有四十二架美製飛機，包括 C-46、C-47 和康維爾（Convair）CV-240「空中行宮」等型號，規模不下於「中航」。

此外，英國海外航空及「泛美」亦重返「啟德」，重拾戰前在港的地位並成為最大的外國航空公司，其餘則有「法航」、北歐航空（SAS）、荷蘭航空（KLM）、加拿大太平洋航空（Canadian Pacific Airlines, 當時又名昌興航空）及布拉芬航空（Braathens Airways）等。而新加入的新興區內航空公司則有菲律賓航空（Philippine Air Lines）、暹羅航空（Siamese Airways）、太平洋海外航空（Pacific Overseas Airlines）及環亞航空（Transasia Airways）。一九四七年時，香港的進出飛機約為五千五百架次，乘客八萬一千人次及處理一千多公噸貨物。

1 圖為 1949 年的水機碼頭，若水機不靠碼頭泊岸，乘客則要乘坐駁艇登機或落機。（香港歷史飛機協會）

2 戰後初年，C-47 或 DC-3 是最常進出「啟德」的機種。（民航處）

3 圖為停泊於啟德機場西端專用機坪的大批「中航」客機，其陣容使機隊旁的遠東航校小型飛機，顯得相形見絀。

4「中航」DC-4「廣州號」，攝於啟德機場。（John Hambly / 香港歷史飛機協會提供）

5「央航」CV-240「空中行宮」，攝於啟德機場。（John Hambly / 香港歷史飛機協會提供）

這時期另一個歷史性發展便是本地航空公司的出現，當中以私人成立的國泰航空公司（Cathay Pacific Airways, 簡稱「國泰」）及具官方背景的香港航空公司（Hong Kong Airways, 簡稱「港航」）尤其重要。「國泰」乘百廢待舉之際以非英國公司身份在大英殖民地建立基地，可説是戰後極需空運服務下「軍轉民用」而發展成功的典型例子。「國泰」前身是澳華出入口公司，於一九四六年初由兩名「中航」二戰退役機長美國人法尼爾（Roy Farrell）和澳洲人堪茲奧（Sydney de Kantzow）在上海組成，業績突出。但該公司在龍蛇混雜的大上海難以生存，更被強大的保護主義排斥，最後惟有於同年五月遷往香港經營，正式定名為「國泰」。該公司當時以兩架由美軍退役的 C-47 軍用運輸機改裝成的 DC-3 民航機，提供亞太區內的客貨運包機服務，亦偶爾飛往倫敦。早期重點航線為前往緬甸、澳洲、澳門和中國大陸的包機及往馬尼拉、曼谷和新加坡的定期服務，獲利可觀。

一九四七年中，中英兩國簽訂航空協議，雙方各可派出兩間航空公司來往香港及昆明、廣州、上海和天津。中方以「中航」和「央航」來港，「英國海外」為此在香港開辦香港航空公司與其一同代表英方提供往返內地航班。「港航」起初以兩架 DC-3 客機營運，經營上海和廣州定期航線，同時亦與「英國海外」聯營上海航線，以後者的塞特「普里茅夫型」（Plymouth）水上飛機飛行。「港航」身為「英國海外」的子公司，由於有倫敦為後臺，故迅即冒起，其上海及廣州航線非常繁忙，單廣州就每日有四班，定期航線規模遙遙領先以經營包機為主的「國泰」。但論經營的觸角及靈活性，「國泰」則勝「港航」一籌，當中以開辦港澳航線可見一斑。

二戰結束後，「泛美」馬上重返太平洋西岸。由於澳門一直沒有正式的陸上機場，故此時以大型陸上客機飛行的「泛美」沒有重開戰前的港澳航線。不過，由於戰後區內金融體系仍然混亂，故每日都有大量黃金和財物經港澳兩地進出中國大陸，尤其當時澳門並未管制黃金進出，從而造就了兩個殖民地之間的航空交通。此時，國泰航空看準時機開辦澳門航

線。一九四七年一月五日，堪茲奧率領香港代表乘坐該公司的 DC-3 前往澳門首航，降落地點只有一個選擇——馬場。由於降落環境和距離比計算中差，結果飛機輪架在着地前撞上海堤，導致飛機最後在草坪上強行着陸，雖然無人受傷，但飛機則損壞至要在當地停飛修理。事後，「國泰」立即停飛澳門線，並於次年引入一種兩全其美的二戰退役水陸兩用機——合眾 PBY-5A「卡蒂蓮娜型」（Catalina）。當時的港澳線是名副其實的「黃金航線」，付運貨物以黃金為主。由於港澳輪船航程需時三個半小時，相比之下飛機只需二十分鐘，成為重視快捷和財物安全的富豪們首選，「國泰」亦因此高利潤的短程航線而日益成長。

民航業向來與政治主權唇齒相依，待香港重上軌道後英國政府便為航空業的「放任期」劃上句號，並對美澳合資的「國泰」施壓。為繼續以香港為基地經營，「國泰」應英國政府要求加入英資成份，最後太古洋行（Butterfield & Swire）於一九四八年成為「國泰」大股東。「國泰」重組後，港澳航線被分拆出來，由原「國泰」管理層及澳門富商羅保（Rogerio H. Lobo）等人在香港合資成立的澳門航空運輸公司（Macau Air Transport Company, 簡稱「澳航」）經營，並由「國泰」轉讓「卡蒂蓮娜型」機隊予以營運。「澳航」在香港的票務和地勤由「國泰」代理，機組人員亦會互相借調，高峰時每日有兩至三班定期航班來往兩地，成為第三大本地航空公司。

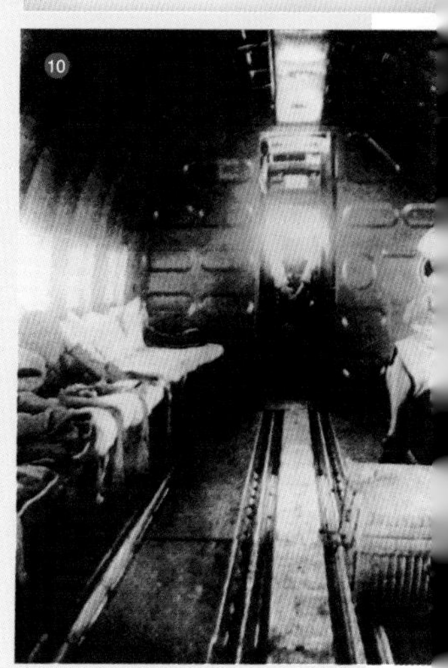

與此同時，「國泰」與「港航」成為本地航空的兩大公司，為協調兩間航空公司的競爭，雙方在港府協調下同意於一九四九年五月把香港以北的航線交由「港航」經營，以南航線歸「國泰」，而澳門和馬尼拉線則可共同營運。除「國泰」、「港航」和「澳航」外，當時亦有幾間曇花一現的航空公司出現，包括 Air Carriers Ltd.、International Air Transport Co. Ltd. 及 Air Asia，全都是使用戰後退役飛機希望在香港分一杯羹。當時的本地航空公司仍屬小型企業，在港規模與影響力跟「兩航」、「英國海外」及「泛美」仍有一大段距離。

6 乘客正排隊登上「港航」的 DC-3 客機。

7 「國泰」及「澳航」所用的「卡蒂蓮娜型」水陸兩用機。圖中可見「國泰」第一代機組人員。（香港歷史飛機協會 / China Clipper Lounge 提供）

8 「國泰」首架航機 DC-3（VR-HDB）「貝西號」（Betsy）飛經薄扶林上空，攝於 1947 年。（國泰航空）

9 圖中的「貝西號」仍披上「國泰」前身澳華出入口公司（Roy Farrell Export-Import Company Ltd.）的標誌——袋鼠及龍圍繞着中美澳三國國旗。揚手者為法尼爾。（國泰航空）

10 四十年代由 C-47 軍機改裝的「國泰」DC-3，圖中可見機艙內陳設簡陋。（國泰航空）

滬機來港通宵不停，一日間飛來數十架。……在滬登機情形狼狽，夫妻子女也無法同機。

—— 一九四九年四月《工商日報》報道上海「高等難民」逃亡香港的

隨着中國內戰持續和解放軍南下，「中航」及「央航」與當年日軍入侵時一樣先後遷離上海和廣州基地，再次遷來香港設立總部。在此以前，「兩航」已各自在「啟德」設立大型維修基地，擁有公司機庫和辦公大樓，與「泛美」和「英國海外」分庭抗禮。在大量富裕難民和貨物湧入的非常情況下，香港的航空交通於一九四九年激增至二萬五千航班、處理近三十二萬乘客及六千一百公噸貨物，其繁忙程度已及倫敦的三分之二。但一九四九年中開始，「兩航」以香港為中心的業務範圍大幅萎縮，只剩下小部分華中、華南和國際航線，運輸量下跌至少六成。為保護英國利益，港英政府亦多方限制「兩航」在港的發展，例如港府於一九四九年中以擴充啟德空軍基地、加強香港防衛能力為由，收回「兩航」在「啟德」的大樓和廠房，令「兩航」在港無立足之地。同年十月中共建國後發生「兩航事件」，「中航」及「央航」瓦解，十二月中內地與香港正式斷航，即時令香港航空交通量大跌五分之三，五十年代初期每年航班只剩下五至六千班、乘客七至十萬人次及二千五百公噸貨物，香港一直要到一九五七年起才重返一九四九年時的水平。「兩航」員工、器材和飛機最後四散往香港、中國內地、臺灣和美國，其中留港人員大多加入香港的航空機構，為本地民航業發展提供了一批不可多得的頂尖人才。中國內地戲劇性地退出香港航空業及英國整頓香港民航秩序，最終結束了這個紛亂的「民航戰國年代」。

11 戰後初年港菲交通頻繁，「菲航」在港佔有舉足輕重的位置，圖為「菲航」的 DC-4。（吳邦謀）

12「中航」是最早在香港使用 DC-4 的航空公司。

「兩航事件」

二戰後冷戰隨即展開，當大批英、美、法軍機飛到柏林眾機場解救「柏林危機」之際，「啟德」則成為冷戰的亞洲擂台。一九四九年十月國民政府戰敗並撤離大陸，「中航」和「央航」全數八十三架飛機先後撤抵香港，一時間，幾乎全中國的民航客機都罕有地雲集啟德機場。同年十一月九日，以「中航」總經理劉敬宜和「央航」總經理陳卓林為首的五十六名「兩航」親共員工，訛稱將飛機駛到臺灣，然後將十二架飛機駛回北京和天津，將國、共、港、英、美捲入一場政治風波，一時令香港成為國際焦點。

事件發生後，「兩航」美籍機組人員發表聲明與投共事件劃清界線，經新管理層甄別後，親共員工遭革職，被裁員工又佔領飛機和公司資產，令兩公司內部嚴重分裂。此外，國共皆聲稱擁有餘下七十一架飛機及「兩航」在港資產的主權，並為此在香港對簿公堂。為防止北京的航空力量發展，美國旋即加入飛機爭奪戰。由於相信英國政府即將宣佈承認中華人民共和國，國民政府便將「兩航」資產賣予陳納德名義下的民航空運公司，讓美國出面提出訴訟。陳納德數次入稟香港法院，指國民黨已將「兩航」資產賣給其公司，要求判飛機歸美方，更親臨「啟德」巡視機隊狀況。

鑑於「兩航」機隊主權未明，港府將所有飛機拘留在「啟德」，並於十一月底頒佈臨時禁制令禁止國共雙方移動機隊。一九五〇年一月，英國正式承認北京政府，二月香港法院宣判美臺一方敗訴。為防止有人將飛機奪走，「中航」員工把所有機翼和重要零件拆除，甚至鑿穿油箱。期間國共支持者多番偷入機場，在機身上塗上己方的旗幟，有特工更在一九五〇年四月二日潛入放置計時炸彈毀壞七架飛機。

其後華盛頓向倫敦施壓並繼續上訴，再加上韓戰爆發，使中、英、美三國關係又起變化，事件擾攘至一九五二年七月，英國樞密院終於將飛機判給美方，七十多架拆散了的飛機最後於十月由美國軍艦運走。投共的「兩航」員工部分成為中國民航的骨幹，而從屬北京的「中航」此後數十年只在港辦理中國票務，但仍沿用經典的「藍中」圓形標誌。

（上）圖為「中航」一架 C-46，攝於 1950 年，當時已被塗上五星紅旗。（傅鏡平）
（中）「兩航事件」後期，大部分飛機被拆掉機翼及塗上防鏽黑油，攝於 1951 年，圖中可見 JAMCO 及 PAMCO 已合併為 HAECO。（港機工程）
（下）「兩航」投共員工飛抵天津後合照。

18 整合年代

踏入五十年代，香港與內地斷航大大打擊了依賴轉口貿易的香港民航業。然而，中共建國後，大量資金及人才南下香港，再加上五十年代初韓戰引發對華貿易禁運，使香港從轉口港發展成製造業城市，此經濟轉型卻給民航業一個漸露曙光的生機。無論對香港整體民航業或本地航空公司來説，五十年代都是一個奠定往後三十年發展模式的整合時期。

在「南北分界」的安排下，香港與內地斷航可謂予「港航」致命一擊，英國海外航空因而將「港航」售予渣甸洋行（Jardine Matheson & Co., 簡稱「渣甸」）。到五十年代初，「港航」的經營範圍大減至只飛往臺北，長期經營不振。相反「國泰」的東南亞業務則隨着香港與當地日益活躍的商貿活動而蒸蒸日上，並積極購入針對個別航線特性的機種，先後購入較大型的DC-4、DC-6及高航速的洛歇（Lockheed）L-188「電星型」（Electra）噴射螺旋槳機飛行。在經營策略方面，「港航」與「國泰」有明顯分別，「渣甸」入主後，「港航」放棄原有的DC-3 機隊，改為向「國泰」租借飛機和長期租用美國西北航空（Northwest Orient）的一架DC-4 為旗艦，並不增加投資購置任何飛機或增加航線。不過，「港航」乘客到臺北後可轉乘西北航機前往美國。而「澳航」則改以經營包機為主，仍以「卡蒂蓮娜型」飛行。

「港航」經過數年的低潮後曙光終現，「英國海外」於一九五四年重新入主「港航」並鋭意

4

全面革新及擴張，除引入兩架當時極為先進的全新英製維克斯「子爵式」(Viscount)噴射螺旋槳客機外，航線亦重返馬尼拉及伸展至經過戰火洗禮的漢城和東京。但「港航」的復興只是一個遲來的春天，每年虧損仍然甚鉅，「英國海外」最終萌生退意。一九五八年末，「國泰」吞併「港航」，並於半年後正式接辦原「港航」航線，曾雄霸天空的「港航」「飛天雄獅」標誌從此成為歷史。至此，「國泰」打入重要的臺、日、韓市場，其在港規模已超越「英國海外」和「泛美」而躍升首位，並已成為東南亞區內載客量最多的航空公司，香港開始進入以本地航空公司主導的年代。「港航」結束後，「渣甸」往後數十年集中發展地勤服務，業務包括經營機場地勤代理的怡中航空服務和香港空運貨站，及啟德時代的牛奶公司機餐部和港勤機場服務公司等，在香港航空業仍佔重要一席。

5

6

1 停泊於舊「啟德」的「國泰」DC-4，圖中可見當時的牛頭角仍未發展。(Mel Lawrence 攝 / Airways International 提供)

2 在滑行中的香港航空「子爵式」，該機可載 44 人。(Mel Lawrence 攝 / Airways International 提供)

3「澳航」的「卡蒂蓮娜型」，機後建築物為「國泰」大樓。(Mel Lawrence 攝 / Airways International 提供)

4「港航」的標誌。(吳邦謀)

5「國泰」早期的中文名稱一度為香港太平洋航空。(吳邦謀)

6「港航」長期租用的西北航空 DC-4。(高添強)

在商貿和工業起步的帶動下，香港成功吸引了更多外航加入服務，除透過西北航空、快達航空（Qantas Empire Airways, 即澳洲海外航空）和印度國際航空（Air India）等增加與傳統歐美及英聯邦城市的聯繫外，亞太地區新興的國營航空公司亦紛紛開辦來港服務，如泰國航空（Thai Airways）、印尼航空（Indonesian Airways）、老撾航空（Air Laos）、越南航空（Air Vietnam）、皇家柬埔寨航空（Royal Air Cambodge）、馬來亞航空（Malayan Airways）、日本航空（Japan Air Lines）、韓國航空（Korean National Airlines） 及臺灣的民航空運公司（Civil Air Transport）等。總括來說，五十年代的民航業經一落千丈後穩步回升，為香港打下建設日後龐大航空網絡的重要基礎。

7 「英國海外」的「彗星型」是五十年代最重要的機種。（民航處）

8 「法航」的「星座 1049G 型」，機後為舊「啟德」的控制塔。（Mel Lawrence 攝 / Airways International 提供）

9 開始披上綠色機身的「國泰」DC-6，背景為馬頭圍。（Mel Lawrence 攝 / Airways International 提供）

10「泰航」DC-4 及「民航空運」DC-6。（Mel Lawrence 攝 / Airways International 提供）

11「國泰」與「港航」之戰最後於 1959 年結束。（港機工程）

「澳門小姐號」慘劇

時至今日，香港本地航空公司在民航界的地位備受肯定，但原來在四十年代末五十年代初，「國泰」及「澳航」的名字早就在世界民航史上佔有重要一頁。

一九四八年七月十六日晚上，當原定於傍晚由澳門抵港的一架「卡蒂莲娜型」水陸兩用飛機「澳門小姐號」（Miss Macau）音訊全無，「啟德」的航空控制員和國泰航空職員已心感不妙，遂前往港澳之間的海域展開搜索行動。次日證實該航機墜毀於九州海面，機上二十七人僅一人生還。該幸存乘客黃裕被附近的漁船救起但受傷不能說話，立即被送往澳門山頂醫院救治。目擊意外的漁民表示事發前飛機正常地飛行，但突然失控由一千呎高空直插入海。數日後打撈員發現機身殘骸和部分屍體佈滿子彈孔，而澳門治安警察局局長鮑立德（Luis Augusto de Matos Paletti）此時亦發覺黃裕形迹可疑兼有犯罪前科，於是派探員假扮病人與黃氏為鄰並安裝偷聽設備打探真相。十多日後，他們才驚覺面對的不是一宗普通空難，而是一宗從未遇過的案件——劫機。

四十年代末港澳之間空運頻繁，黃金是眾所周知的主要貨物，因此成為了匪幫覬覦的獵物。「澳門小姐號」當時由「國泰」租予姊妹公司「澳航」營運，黃氏與三名來自廣東的同黨趙一鳴、趙昌和趙才（其中一人曾在菲律賓學習駕駛水上飛機）打算擄劫飛機往中山八區平沙，劫走機上黃金再綁架乘客，目標是其中四名百萬富翁。航機於新口岸海面起飛不久後，他們便發難制服乘客和機員，但遭強烈反抗。匪徒又闖入駕駛艙用槍指嚇機長克拉默（Dale Cramer）交出飛機但遭拒絕，二話不說便向機長頭部開槍，克拉默應聲倒在操縱桿和儀表板上，飛機隨即失控直墜海中。

雖然黃氏最終把事件和盤托出，但礙於沒有證人、當時港澳雙方對司法管轄權誰屬未達共識、港方質疑澳方的調查程序、兩地更沒有針對劫機的法律，故黃氏最終沒有被起訴，於澳門被囚三年後獲釋。事件成為世上首批有紀錄的騎劫民航機事件之一，更是一次真正的打劫飛機案件。*

*「澳門小姐號事件」至今被公認為世上首宗因非政治目的而進行的劫機事件，僅比首宗劫機晚三個月（於東歐發生，乘客脅持飛機前往德國的美國管轄區）。是次事件亦為亞洲區史上首宗有紀錄的劫機和世上首宗引致空難的騎劫案例。

（上）「黃金航線」每次上落貨物都有軍警嚴陣以待，攝於澳門。（Ken Wolinski / 香港歷史飛機協會提供）
（下）出事前的「澳門小姐號」（VR-HDT），攝於啟德機場。（吳邦謀）

19 成為世界空運中心

六、七十年代，電子和製衣等工業、金融、商貿、貨運及旅遊業的迅速發展為香港民航業帶來無限動力，使香港成為全球最重要的空運中心之一。獨特的西式管理加上華人的拼勁和靈活精神，更在這片彈丸之地孕育出多間成功的商業民航機構。航空業是一個資金和勞工密集的行業，新投資者都可説是大冒險家。就在這時候，不少本地和外資都嘗試在香港航空市場分一杯羹，在香港的天空尋找自己的位置，但最終卻只是曇花一現。此二十年間香港民航界越趨成熟，鋪好迎接下一個躍進機遇——中國開放的道路。

六十年代時，受日本經濟騰飛及香港的製造業興起之惠，香港至東京航線一躍成為全球最繁忙的航線之一。因戰亂關係，香港與過去空運頻繁的中南半島國家斷航；與此同時，由於「亞洲四小龍」的興起，香港與新、臺、韓等地的空運量卻大大增加。此時，新興的中華航空（China Airlines, 簡稱「華航」）和新加坡航空（Singapore Airlines, 簡稱「新航」）亦飛抵「啟德」，在港地位日益重要。雖然，一九七三年發生的「石油危機」一度引致全球航空業倒退，令當年的香港航空交通量下降了百分之二，與自五十年代起平均每年有雙位數增長相差甚鉅。但衰退很快便過去，隨着移民、升學、外遊和經商的人數日多，加上對外實施一貫的開放政策，使香港脱穎而出成為世界空運中心之一。獨特的地理位置更奠定了香港在空運方面的優勢：香港位處亞太區的中心，區內大部分的重要城市皆在五個小時的航程範圍內，令香港成為穿梭區內及連接各大洲的主要客貨轉運點。香港的航空網絡、

現代化的機場及日具規模的本地機隊，成為香港工商業起飛的強大後盾，到七十年代末，空運已佔香港貨物進出口總值的四分之一。

本地航空公司方面，雄踞香港天空的「國泰」進入全速成長階段，而部分財團和私人亦嘗試開闢另類途徑進入民航業。「國泰」於六、七十年代間在航線和服務各方面皆發展迅速，航線伸展至日本、澳洲和中東。為與各大航空公司爭一日之長短，「國泰」更在一九六二年首次引入康維爾 CV-880 噴射機，令本地民航業躋身噴射紀元。經營方面，「國泰」自一九六三年起與「泰航」及馬來亞航空建立聯營計劃，三間航空公司的乘客可以在香港、曼谷、新加坡及吉隆坡航線上自由選搭三公司的航班，令三公司及消費者共同受惠。為應付需求及保持競爭力，「國泰」又於一九七一年開始引入波音 707，以及於一九七五年購入全新的洛歇 L-1011「三星」（Tristar），正式躋身廣體行列。但當時「國泰」的規模和財力仍屬地區性航空公司，絕大部分飛機是二手客機，故營運甚具經濟效益。

1「日航」的 747-100 見證了七十年代港日兩地空運的繁盛景象。

2 七十年代末，香港的飛機維修業亦吸引了尚未正式飛行香港線的中國民航光顧，當時中國民航業資源匱乏，只能引入二手的古老「子爵式」。（港機工程）

3 六十年代美國環球航空（TWA）707 飛經九龍城上空時攝。（民航處）

其他航空公司方面，「澳航」於一九六一年引入意大利製的皮亞焦（Piaggio） P-136 水陸兩用機飛行，每日有四班定期航班來往香港、澳門兩地。一九六三年，快捷價廉的港澳噴射水翼船投入服務後，「澳航」不敵，最後於數年後正式成為歷史。另外，六十年代末有飛龍直昇機公司（Dragonfly Helicopter Ltd.）以全港唯一一架商用貝爾（Bell）47G-5 直昇機營辦吊運服務，但可惜飛行不久便因撞毀而告結束。一九七〇年香港國際航空（Hong Kong Air International）提供的本地直昇機服務正式開始，包括來往「啟德」和金鐘的「空中的士」服務，為商人和官員解決了要費時坐渡輪過海的問題，曾盛極一時。但是項服務卻於一九七二年中海底隧道通車後式微，該公司亦於一九七六年結束。至於貨運航空公司方面，七十年代則有東方之珠航空（Oriental Pearl Airways）成立，以 DC-6 提供包機服務，而英國環子午線航空（Transmeridian Air Cargo）亦曾在香港註冊，成立香港環子午線航空（Transmeridian Hong Kong），以加拿大（Canadair） CL-44 貨機經營至亞太區多地的貨運包機。

4 1976 年，「法航」的「和諧式」(Concorde) 超音速客機自「啟德」起飛。
5 「國泰」的 CV-880 飛經太古船塢上空時攝。(國泰航空)
6 「澳航」的 P-136。(香港歷史飛機協會)
7 香港國際航空的「阿留特」(Alouette) SE3160 直昇機。(M. S. Chan / 香港歷史飛機協會提供)
8 東方之珠航空的 DC-6。(M. S. Chan / 香港歷史飛機協會提供)
9 「國泰」707 於啟德停機坪。(國泰航空)
10 香港環子午線航空的 CL-44 貨機。(jjpostcards)

20 英軍重駐與動盪歲月

二戰結束後英國重佔香港，皇家海、陸、空三軍的戰機火速回港重建空中防衛力量。在冷戰風雲下，遠東區在四、五、六十年代先後發生中國內戰、韓戰、兩岸炮戰及越戰等危機，雖然香港仍然在隱約的炮聲中安然度過，但內部治安也先後數次受到挑戰。每當中國局勢動盪或中英關係緊張時，英國往往會加派戰機和空軍到港作象徵式姿勢。然而，身處血腥戰場外的香港卻在韓、越兩戰期間成為美國空軍的主要維修和補給基地，令航空界得到意外的收穫。

一九四五年八月日軍投降後，皇家空軍第五〇二五空港重建師隨即進駐香港，負責維修「啟德」及維持九龍區治安，而隸屬第一三二飛行中隊的一批二戰經典超級馬林「噴火式」（Spitfire）戰機則從水路運抵香港。至該年年底，合共有四個飛行中隊駐守香港，分別負責巡邏及運送物資和退役軍人回家。

除皇家空軍外，皇家海軍航空隊亦於戰後返抵「啟德」。一九四五年九月，海軍航空隊在「啟德」中部設立「納卡徹艦」基地（HMS Nabcatcher），為多隊來港的航空母艦艦上機隊提供停泊及支援，當時英國皇家海軍重新調動，訪港的海軍機隊眾多，基地非常繁忙。「納卡徹艦」基地於一九四七年撤離「啟德」。另外，皇家陸軍自一九四九年起亦有小量航空隊人員和飛機、直昇機駐港，第一九〇三航空瞭望哨先後駐紮於新圍及沙田，當時配備奧斯達（Auster）Mk6 型飛機。

除正規空軍外，英國政府亦於香港組成輔助空軍隊伍。一九四九年五月，港府成立香港防衛軍（Hong Kong Defence Force），轄下分香港義勇軍（Hong Kong Regiment）、香港皇家海軍後備軍（Hong Kong Royal Naval Reserve）及香港輔助空軍（Hong Kong Auxiliary Air Force）。一九五一年，倫敦授予香港輔助空軍「皇家」銜頭，正名為香港皇家輔助空軍，飛行員大都

在遠東航校受訓。輔助空軍由不同國籍的飛行員組成，早期使用英國國防部捐贈或借貸的舊式戰機。

一九四九年四月，鑑於解放軍迫近南京，英艦「亞美菲斯號」（H.M.S. Amethyst, 或名「紫水晶號」）開赴長江前往南京撤走僑民之際遭解放軍炮擊損毀，多人死傷。駐港空軍第八十八中隊遂派出兩架塞特「新特蘭」（Sunderland）水上軍機前往救援，亦遭炮火輕微擊中，兩機最後安全返回「啟德」。一九四九年中解放軍有直搗華南之勢，英國緊急從蘇格蘭和新加坡抽調多架「噴火式」到港增防。

1 英軍重返香港後，其中一個任務便是派戰機在市區上空噴放「滴滴涕」（DDT）消毒，圖左下角可見經日軍擴建後的港督府。（Imperial War Museum 檔案編號：A31060 / 高添強提供）

2 日軍戰俘在英軍監視和路人冷眼旁觀下於「啟德」維修圍欄，攝於 1945 年。（Terence S. Rushton）

3 迪哈維蘭「毒液式」（Venom）戰機於 1957 年起駐守香港，歷時 5 年。（香港歷史飛機協會）

4 四、五十年代經常停泊於啟德水上機場的皇家空軍「新特蘭」水機。

5 皇家空軍的大批戰機、轟炸機及運輸機停泊於啟德空軍基地。（香港歷史飛機協會）

6 二戰結束初年，港府經常以「重光紀念日」儀式或空軍航空展以紀念陣亡軍人，圖為一架「噴火式」飛越中區和平紀念碑。（香港歷史飛機協會）

7 1945 年 8 月，載着大批「海盜船式」（Corsair）及「地獄貓式」等戰機的英國海軍「不屈號」（HMS Indomitable）及「復仇號」（HMS Vengeance）駛進「維港」時攝。（Imperial War Museum 檔案編號：A30848 / 高添強提供）

一九四九年末中國內戰停止後，雖然倫敦率先與北京建交，但中英兩國很快便因翌年韓戰爆發而陷於交戰狀態。皇家空軍先後引入較「噴火式」先進的迪哈維蘭「大黃蜂式」（Hornet）戰機及「吸血鬼式」（Vampire）噴射戰機，並於新界石崗興建空軍基地。韓戰期間，中英兩國的戰機和艦隻在香港水域曾發生多次輕微摩擦。此外，戰爭期間及休戰後的一段時間內中國解放軍屢次對據稱擅闖中國領空的香港民航機開火，「國泰」及「港航」飛機皆先後遇襲，其中以一九五四年「國泰」「空中霸王」客機遭擊落事件最為嚴重。當年七月二十三日，「國泰」一架 DC-4 在曼谷返港途中於海南附近被中共戰機擊落，英美兩國海、空軍合力展開大型搜救，事件造成十死八傷，中美戰機在現場一度發生空戰，兩架中共戰機被擊落，引發韓戰後政治及軍事緊張。在冷戰對峙下，五十年代英美兩國每年都在「啟德」舉行聯合空軍航空展，兩軍各自派出軍機作飛行表演、空戰示範及搜救技巧等，每年均吸引大批市民參觀，成為華洋溝通的一大民間活動之餘，醉翁之意不照而宣，就如當時的《華僑日報》所評：

「每年一回的空軍飛行表演，雖說是把所有入場券的收入撥作英國皇家空軍學會慈善基金，但寓表演空軍威力於慈善，是可以意味得到的。」

五十年代末開始，隨着中南半島戰況逐漸升級，香港成為美軍的重要後勤中轉站，到一九六五年越戰全面爆發後，美國空軍更成為香港的常客，當時每年平均有三千多架次美軍飛機在「啟德」升降，以運送軍人和物資往越南作戰。除了有大批美軍到港休假帶旺經濟外，

由於有大量軍機在港進行補給和維修，亦令香港飛機工程公司（Hong Kong Aircraft Engineering Company, 簡稱 HAECO 或「港機工程」）等機構的業務和技術得以進一步發展。

此外，五、六十年代亦是香港內部因意識形態而紛爭的動盪時代，在國共兩派相爭、英國的高壓殖民統治和貧富懸殊等社會問題下，社會先後出現數次騷亂，當中多個空防隊伍都曾參與平亂。一九五六年「雙十節」期間，國民黨支持者因被李鄭屋邨職員禁止掛出黨旗而發生衝突，後在荃灣及九龍多區引發暴動，暴徒襲擊左派機構並與港府軍警衝突，瑞士領事夫婦更被燒傷及燒死。「九龍暴動」期間，其中二千人於「啟德」新跑道西端工地上集結並與警方衝突，駐守於啟德基地的皇家空軍人員則開往牛頭角協助處理該區的騷亂。

六十年代中國大陸「文化大革命」巨浪席捲香港，引發「六七動亂」。自同年四月起，由新蒲崗膠花廠勞資糾紛引發的連串示威，漸漸演變成部分激進分子到處搗亂、放火、謀殺甚至放置土製炸彈，多名無辜市民傷亡。沙頭角更曾爆發華界大陸民兵與英界警察槍戰，五名香港警員被殺，香港社會陷入和平後最動盪的日子。「六七動亂」期間，皇家空軍從新加坡急調第六十三中隊到港，並加派韋斯蘭（Westland）「旋風式」（Whirlwind）直昇機，英國政府更派出皇家海軍艦隊和航空隊抵港以協助軍警調動，出動搗破左派的大本營。

8 五十年代初的港機機庫外泊滿美軍 C-46 戰機，當時「啟德」儼如美國空軍的後方維修基地，在韓戰中擔任後勤角色。（港機工程）
9 「啟德」的常客——美軍 C-54 運輸機。（港機工程）
10 輔助空軍的奧斯達 Mk6 正飛經「維港」，背景為六十年代的灣仔。（香港歷史飛機協會）
11 輔助空軍駐港的北美「哈佛式」（Harvard）訓練機，攝於五、六十年代。（香港歷史飛機協會）
12 輔助空軍的「噴火式」戰機，攝於石崗機場。（香港歷史飛機協會）
13 石崗上的兩架輔助空軍「野鴨式」直昇機。（香港歷史飛機協會）
14 輔助空軍的法國宇航（Aerospatiale）「太子式」（Dauphin 1）。（香港歷史飛機協會）

華豐之役

為平息「六七動亂」的亂局，英國政府加派空軍及海軍航空隊到港增援，最後於八月四日與香港皇家警察聯手執行戰後最重要和最大型的行動。當日清晨六時四十分，銅鑼灣警署的一連警員首先出發前往來港增援的英艦「赫米斯號」*集合，他們與艦上的威爾契團隊（The Welch Regiment）第一營D連軍人一起輪流每組八人，分別乘坐皇家海軍的三架「旋風式」和「韋薛斯式」（Wessex）直昇機朝左派大本營——北角新都城大廈、名園大廈及僑冠大廈出發。與此同時，地面上亦有大批軍警趕到三幢大廈現場進行封路和部署。七時許，三架直昇機飛抵目標大廈天臺，其中一架首先成功降落「僑冠」天臺，而另一架飛抵「新都城」的直昇機則因該廈天臺太窄，只能停在半空讓軍警游繩而下。軍警降落後立即與地面部隊配合，從陸空兩路上下夾攻，逐層搜查。行動中軍警未有遇到強烈反抗，直到半小時後直搗目標地點華豐國貨才有驚人發現。

華豐國貨位於僑冠大廈三至四樓，軍警發現公司正門入口處地面裝置了通電鐵絲網陷阱，需先切斷電源方可繼續前行。「電網陣」後則為一個五花八門的「地雷陣」，該陣佈滿盛着液體的大陸啤酒樽、汽缸及大小如菠蘿般並以繩索繫着的球體，軍火專家稍後證實「地雷」全為贋品。另警方又在「新都城」四樓發現一所有百張病床及設備完善的「秘密醫院」，內有中國製的空調、各式手術儀器、消毒機、X光機和大批藥物。而在「僑冠」七樓的福建同鄉會更有一個掛着紅絲絨幃帳，中間擺放着紅旗和毛澤東像的大堂。

是次行動歷時七小時，港府出動超過一千名軍警，最後拘捕了三十人，搜出大批武器、宣傳單張和製造炸彈小冊子等。

* 此「赫米斯號」為一九五九年開始服役、排水量達二萬七千八百噸的新輕型航空母艦，戰前經常來港服役的舊「赫米斯號」已於一九四二年於印度洋沉沒。

近千名軍警在地面集結，與空路進擊的隊伍裏應外合。

圖為飛抵僑冠大廈天臺展開突擊的「韋薛斯式」直昇機。（謝天賜）

21 英國撤離及中國進駐

踏入七、八十年代，隨着區內局勢回復太平及香港內部的經濟起飛和社會改革，香港所受的外憂內患日漸減少，英國政府在港的空防力量進一步減弱，富威嚇性的戰機被實用的直昇機取代。到八十年代末起，英軍逐步撤出香港並將輔助空軍「軍轉民用」，直至一九九七年英國結束殖民統治完全撤離為止。

自中國於七十年代末開放改革後，大陸對香港的軍事威脅明顯消失。香港皇家空軍的軍力遠遜於解放軍空軍，對香港空防一直只起象徵性作用。由於香港由高山和百多個島嶼組成，高速定翼戰機可說是無用武之地，皇家空軍機隊漸改以軍用直昇機為主力，日常職務以巡邏、救災、醫療和運輸為主，其中韋斯蘭「韋薛斯式」自一九七二年開始在港服役至一九九七年，其獨特的外形最為香港人所熟悉。

1 位於「啟德」的輔助空軍基地。（香港歷史飛機協會）

2 圖為輔助空軍使用的「牛頭犬式」（bulldog）訓練機。（香港歷史飛機協會）

3 六、七十年代駐守香港的皇家空軍「旋風式」直昇機，正進行海上救援行動。（RAF 28 Sqd / 香港歷史飛機協會提供）

皇家陸軍航空隊方面，鑑於沙田機場及部分飛機於一九六二年「溫黛襲港」期間被狂風巨浪摧毀，陸軍航空隊改駐「啟德」，及後再轉往「石崗」。六十年代末，陸軍航空隊組成第六五六中隊，亦改用軍用直昇機飛行，主力負責香港邊境巡邏、運輸及空中拍攝等，該部隊最後重組為六六〇中隊，最終於一九九三年末解散。另外，皇家海軍航空隊亦經常隨艦到港執勤，各種軍用飛機除停留在母艦甲板上外，亦經常飛抵「啟德」和「石崗」作維修和停留。

皇家輔助空軍後期亦與皇家空軍一樣改以軍用直昇機為主力，負責高空勘察、巡邏、搜救和協助警方進行反罪案行動。一九七五年，輔助空軍轉隸屬於港府保安司，主要負責為政府部門提供飛行服務，總部設於啟德機場東部，能在八分鐘內到達境內任何地方執勤。除飛行服務外，輔助空軍亦為民航處空管人員提供飛行訓練。五十年代初，輔助空軍擁有五架飛機和約六十名人員，至九十年代初已發展至十六架直昇機及定翼機和約二百五十名人員。香港皇家輔助空軍於一九九三年解散。

自一九八四年中英兩國決定香港前途後，當局即着手將皇家輔助空軍轉為非軍事部門，以便為一九九七年後的特區政府服務。一九九三年四月一日，輔助空軍改組成政府飛行服務隊（Government Flying Service），成為港府保安科（即今保安局）屬下的一個紀律部隊，以西科斯基 S76 直昇機、S70「黑鷹」（Black Hawk）直昇機等為主力。服務隊沿襲前輔助空軍的搜救和反罪惡職責，亦協助其他紀律部隊執勤、提供「飛行醫生」服務及其他空中測量和拍攝工作等。除香港境內事故外，服務隊亦會應民航處和香港海事救援協調中心的指示，於香港飛航情報區方圓四百哩範圍內執勤，歷年來成功拯救超過一萬名在香港境內及南中國海一帶遇到事故的人。

4

4 輔助空軍及飛行服務隊使用的「超級空中王者」（Super King Air）定翼機於港島高空掠過。（香港歷史飛機協會）

5 飛行服務隊的 S76C 直昇機多年來與水警輪並肩在香港水域執行巡邏及救援任務。（謝天賜）

6 1993 年俄製安圖諾夫 An-124 巨型運輸機首次飛抵「啟德」，皇家陸軍航空隊的韋斯蘭「童子軍型」（Scout）軍用直昇機從旁監察。（香港歷史飛機協會）

7 皇家空軍的「韋薛斯式」極適合於山多的香港運作。（RAF 28 Sqd / 香港歷史飛機協會提供）

8 圖為「皇家方舟號」（HMS Ark Royal），其機隊可於「航母」甲板上升降，與早年必須到機場停泊大異其趣。（滕玉果攝 / 香港歷史飛機協會提供）

9 飛行服務隊的「超級美洲豹」罕有地於信德中心直昇機場升降。（謝天賜）

10「黑鷹」撲救山火的情形。（謝天賜）

在香港回歸中國的過渡時期，中國駐軍問題一度引起廣泛議論。一九九〇年四月北京通過《基本法》並決議回歸後在港派駐中國人民解放軍，以體現中國主權。一九九六年初駐港部隊航空兵組建完成。一九九七年六月三日，皇家空軍撤離香港，駐港的第二十八（陸空協作）中隊解散，但部分軍官及人員一直留守至七月一日凌晨三時許才乘坐專機從「啟德」離港，正式結束英國皇家空軍在港的七十年歷史。七月一日子夜，香港政權交接完成，早上八時半中國解放軍駐港部隊航空兵的一隊中國製「直九」型軍用直昇機飛抵石崗機場，開始在港執行巡邏、救援和運輸等任務。回歸後的香港延續過去的輕軍事角色，駐港空軍部隊在港保持低調運作，只維持輕量武裝程度，並無任何類型的定翼戰機駐守。

⑪

一九九八年六月飛行服務隊總部由「啟德」遷往赤鱲角新機場西南部，近年該部門約有二百多名人員、十多架飛機，並加入捷流（Jetstream）J-41 型定翼機、歐洲直昇機公司（Eurocopter）的 AS332 L2「超級美洲豹」（Super Pama）及 EC155 直昇機。「服務隊」在行政、維修工程及飛行質素方面都達到國際認可的最高資格，飛行組更於二〇〇〇年成為全球首個獲得 ISO9002 證書的飛行服務機構行動部門。

⑫

石崗機場

石崗機場一直被「啟德」的光芒盡蓋，市民對其認識較少，甚至可能連它的位置也不清楚。石崗位於新界西北部的八鄉，地理環境其實比「啟德」更加惡劣，東、南、北三面被大刀屻、大帽山及雞公嶺重重包圍，加上跑道狹短，大型飛機不能在此升降。

一九三八年，港府為加強香港空防決定在石崗地區興建一個軍用機場，以容納目標中的三個飛行中隊，平整土地工程於是年立即開始。但隨着日軍壓境，數以十萬計來自深圳及廣東一帶的難民湧入當時只有一百萬人口的香港，再加上當局發現興建中的機場處於日軍大炮射程範圍內，故在一九三九年停工並將機場一帶改為難民營。日佔期間，香港佔領地政府將機場用地闢作農田。一九五〇年韓戰爆發，港府復建石崗機場以供軍機使用，第二十八中隊正式進駐石崗機場。

石崗機場擁有一條長約二千米，但沒有平衡滑行道的石屎跑道，座標為 11/29，並設有控制塔、辦公大樓及消防局等設施。石崗機場除了是英國海陸空三軍的航空基地外，亦有限度地供飛行會社進行飛行活動。八十年代時，鑑於越南船民問題惡化，「石崗」與萬宜水庫等地先後被徵用為船民營，機場跑道上興建了多個營房，至一九九二年營房關閉，跑道重新投入服務。現在的石崗機場除為駐港解放軍空軍部隊的基地外，亦讓政府飛行隊作訓練場地及於週末開放予香港飛行總會使用。

（上）石崗機場鳥瞰圖。（Cliff Wallace 攝）
（中）圖為六十年代訪港的皇家海軍「旋風式」直昇機群，停留在石崗機場時攝。（港機工程）
（下）第八十中隊的「大黃蜂式」機群，駐守於石崗軍用機場。（RAF 80 Sqd / 香港歷史飛機協會提供）

11 圖為駐港解放軍的「直九」型軍用直昇機徐徐降落中環直昇機場時攝。（謝天賜）

12 回歸後政府飛行服務隊的功能和地位不變，最明顯的分別是改用特區徽章。圖為香港回歸一周年慶典期間兩架領着中國國旗及香港特區區旗的「黑鷹」直昇機飛抵金紫荊廣場。（朱迅攝）

22 遠東航校的興衰

和平後香港的私人飛行機構和有關活動很快便重上軌道。航空教育方面，被戰火摧毀的遠東航空學校重擔昔日的重任，為香港及東南亞培養航空人才，但最終亦敵不過無情天災和歷史巨輪，其角色分別被大專院校及其他商業航空機構所取代。除了像遠東航校般有規模的商業機構外，歷代都有航空熱愛者成立各式各樣的組織推廣航空活動。

一九四六年十一月，遠東航校在瓦礫中重新建立，並購置瑞安（Ryan）STM 和史廷森（Stinson）L-5 等訓練機展開飛行及飛機工程課程，亦繼續每日為香港皇家天文臺提供天氣資料。一九四八年時，該校已有三十多名教職員、一百五十名學生、八架飛機及在「啟德」西南端擁有六座樓房作校舍，並短暫成立過一個私人飛行會。五十年代初，遠東航校被會德豐集團（Wheelock Marden Group）收購，加上有一批自大陸逃港的航空工程人才加入，令該校發展更上一層樓。後來港府決定興建新 13/31 跑道，而遠東航校校舍正好座落於未來跑道的正中央位置，故此該校需要自費於新跑道西南端的宋王臺道旁興建新校舍，校舍於一九五九年一月正式啟用。

一九六二年九月颱風溫黛襲港，吹毀遠東航校的機庫、全數三架訓練機和大量器材，重創該校的飛行訓練資源，兩年後被迫結束飛行課程。此後，遠東航空全力專注於飛機工程及航空通訊等科目，畢業生的專業資格受港府及部分海外機構承認，每年為香港和東南亞各地提供一批航空人才。到七十年代初，該校有近八百名學生，當中約兩成為海外留學生。但隨着香港理工學院和港機工程等機構陸續開辦航空工程課程，使該校面對嚴峻競爭。一九八三年該校終於被併入香港飛行總會（Hong Kong Aviation Club）。

與歐、美、澳、日和中國等航空科技大國比較，香港的航空教育微不足道，就算與臺灣和

新加坡等地相比，香港亦同樣落後於人。除香港社會對航空工程和有關科研及飛行人員培訓的長期忽視外，欠缺本地組成的空防隊伍及空軍學校亦是原因之一。香港雖然擁有頂尖的飛機工程人員，但一直欠缺有關的學位課程及科研項目，而對本地飛行員的培訓亦非常有限，令香港民航業長期以外籍飛行人員為主導的情況特別明顯。

---

1 1962 年颱風溫黛吹毀遠東航校機庫，圖中的史廷森 L-5 及迪哈維蘭「花鼠式」（Chipmunk）訓練機更被吹得人仰馬翻。（H. K. Watt / 香港歷史飛機協會提供）

2 遠東航校於 1951 年 11 月首次公開舉辦航空教育展之情形。（《香港年鑑》）

3 遠東航校於校舍內舉行的慶祝活動。（香港歷史飛機協會）

4 七十年代初的遠東航校人才濟濟。（H. K. Watt / 香港歷史飛機協會提供）

5 戰後重建的遠東航校機隊及來訪的小型飛機。（Selwyn Halls / 香港歷史飛機協會提供）

6 遠東航校課堂授課的情形。（H. K. Watt / 香港歷史飛機協會提供）

其他民間航空組織

一九六七年，首個空童軍團（Air Scout Troop）於九龍華仁書院成立，除一般紀律訓練和求生技能外，空童軍的重點是傳授航空知識及在皇家空軍的協助下舉辦空軍基地參觀、乘坐飛機和露營等活動。但在香港整體環境的限制下，空童軍從未有作充分發展，至今其規模仍與普通童軍有相當距離。

經過六十年代的風暴後，政府意識到為青少年提供文娛康樂活動的重要性，多個青少年團體便是在這個背景下成立的。成立於一九七一年的香港航空青年團（Hong Kong Air Cadet Corps）可説是香港最主要的航空青年團體。航空青年團是一個由民政事務局及公益金資助的青少年制服團體，透過為青少年提供嚴格的紀律訓練和定期舉辦航空教育課程及飛行活動，推動普及航空教育，並悉心培育有志青少年成為本地航空人才。香港航空青年團作為國際航空學員交流計劃（International Air Cadet Exchange）的主要成員，亦經常與世界各國航空青年團體合辦交流活動，開拓團員的國際視野。現時該團在港、九、新界各學校及社區中心共開設了接近三十支中隊，約有二千六百名學員及三百名成年團員。

一九七四年香港氫氣球及飛船協會（Hong Kong Balloon and Airship Club）成立，三十年來在極有限的空間下推廣氫氣球運動和代表香港到海外參賽，早期該會仍有少量飛行活動於西貢進行，近年則以在外地參賽為主。另有香港降傘會（Hong Kong Parachute Association）於一九七五年成立，該組織常與香港飛行總會合作於「石崗」上空進行跳傘運動。香港群山環繞的地理環境雖然阻礙了私人飛機的活動範圍，但卻成為飛行傘活動的理想地，九十年代起香港飛行傘協會（Hong Kong Paragliding Association）成為安排及推廣這種航空運動的唯一機構。

至於從事航空研究和推廣的團體方面，早於六十年代便曾出現過香港飛機愛好者協會（Hong Kong Aircraft Enthusiasts Club），而近年則有一九九二年成立的香港歷史飛機協會、一九九八年組成的香港航空攝影會（Hong Kong Aviation Photographic Association）及一些遙控模型飛行會。歷史飛機協會由中外人士組成，主要工作為推廣香港航空史教育。航空攝影會則為一班「啟德」熱愛者成立，透過攝影展向世界各地人士推廣以航空為題材的攝影，會員為啟德機場的最後歲月留下大量珍貴沙龍。

另外，香港多間中學歷年都有不少小型的航空會社組成，但大多資源匱乏，欠缺成熟組織，故一直未能在學界成風。而近年國泰航空亦開始組織有系統的青少年航空活動，成為航空教育的新動力。

（上）香港航空青年團七十年代的宣傳照。（香港航空青年團）

（下）航空青年團在啟德空軍基地的活動，攝於七十年代初。（香港航空青年團）

23 飛行會社的發展

戰後香港經濟騰飛，到八十年代整體生活水準已升至發達國家水平，但礙於地理環境、航空設施及社會文化的限制，私人飛行成本高昂且一直未能普及，多年來只屬小眾的活動，與其他發達地區比較明顯落後，到現在更有漸被中國大陸部分富裕地區趕過之勢。

經歷「溫黛」一役後，遠東航校的飛行課程受到嚴重打擊。一九六四年七月，十多名以民航機師為主的飛行發燒友自資合組香港飛行會（Hong Kong Flying Club）以提供私人飛行耍樂。該會最初租用一架比奇卡弗（Beechcarft）「槍手型」（Musketeer）單翼機及在「啟德」東部設立機庫和會所，會員主要來自航空公司和香港輔助空軍的機師。七十年代初皇家空軍遷離「啟德」以騰出地方興建空運貨站等設施，飛行會的會址亦需遷往宋王臺道遠東航校側。

一九六四年十一月，另一個飛行組織香港航空會（Aero Club of Hong Kong）成立。該會由一班航機工程師組成，他們先重修被「溫黛」吹毀的一架史廷森 L-5 訓練機，並代遠東航校負責飛行訓練課程，會址一直設於該校。航空會發展順利並一直與飛行會合作推廣飛行活動。

兩會最後於一九八一年合併為香港飛行總會。飛行總會繼承了兩會的人員、會員、飛機和會址後，成為香港唯一可以訓練合格飛行員的國際認可民間組織，目前擁有七架飛機及工程人員負責保養和維修。香港由於欠缺民用飛行設施，飛行總會的活動和發展大受限制，該會飛機於「啟德」的活動時段每況愈下，由早期的全無限制到後來只能於上下午非繁忙時間飛行，到九十年代更只許於早上七至八時一個小時內升降。一九九八年「啟德」關閉後，總會的飛行活動改於「石崗」進行，而位於「啟德」的會址則仍舊運作。而因缺乏資源，飛行總會未能大力宣傳飛行活動，以致普羅大眾與私人飛行至今仍有一道鴻溝。

1 飛行會的瑞安 STM 訓練機飛越九龍木球會上空。（香港歷史飛機協會）

2 圖為飛行總會機隊。（朱迅攝）

百分百的空中英雄——喬宏

電影中充滿朝氣的喬宏與現實生活不遑多讓。

戰前李旦旦翱翔天際風靡萬千香港影迷，而戰後最為幾代影迷認識的明星機師則要數喬宏。喬宏（1927-1999）生於上海，長於廈門，抗戰時期舉家輾轉遷徙至重慶，和平後到達臺灣。除英語外，喬宏亦精通國語、上海話、廣東話、閩南話、四川話和山東話，韓戰期間在戰場上當美軍翻譯，戰後隨軍隊到日本，以當《大英百科全書》推銷員謀生。一九五六年喬宏經女星白光推薦回港加入光影世界，從此展開四十三年電臺、電影和電視的演藝事業，其中更以一九九六年許鞍華導演的《女人四十》一片分別於香港電影金像獎及金紫荊電影頒獎禮上，奪得最佳男演員之榮銜。

喬宏自小喜愛飛行，其飛行事跡引人入勝：抗戰時立志成為飛機師保家衛國，卻被拒加入幼年空軍學校，回港成為影星後於一九七〇年成功在香港飛行會考取飛行執照，正式開始業餘飛行生涯。一九七八年九月四日，喬宏與一名飛行學員從「啟德」出發到「石崗」進行飛行訓練，途中因機件故障於大帽山撞毀爆炸，但二人奇跡地逃出生天，只受輕微皮外傷。年輕時本來打算當空軍殺敵的喬宏多年來積極投身基督教宣教工作，晚年更參與國際福音飛行事工，於一九九六年駕駛小型飛機往美國多個偏遠小城鎮為當地華人作巡迴飛行佈道。

熒幕上的喬宏同樣與飛行結下不解之緣，在多部作品中都擔當相關角色，如晚年在《女人四十》中便演繹一名患有老人癡呆症的退役空軍英雄；一九八四年在史提芬史匹堡（Steven Spielberg）的「奪寶奇兵」系列之《魔域奇兵》（*Indiana Jones & the Temple of Doom*）中扮演與主角夏理遜福（Harrison Ford）作對的一名三十年代上海空運大亨，在片中更以飛機作陷阱對付鍾斯博士；而早期則有電懋公司一九五九年的《空中小姐》*，喬宏在片中飾演一名機智冷酷、駕着「子爵式」航機的機師，與扮演空中小姐的女主角葛蘭展開一段空中戀愛。喬宏一生臺前幕後都與飛機為伴，堪稱為百分百的空中英雄。

*《空中小姐》一片當年由香港航空公司協助拍攝，片中有大量舊「啟德」實景彩色片段和空中小姐受訓的過程，為研究香港航空史的一齣重要電影。影片講述一班香港機組人員縱橫香港、臺北、新加坡和曼谷等地的愛情故事。當年「港航」原打算以該片揚名，但當影片於一九五九年七月上映時，「港航」卻正式結業。戲中有幾個詳細記錄了「港航」「子爵式」航機在「啟德」和臺北松山機場升降和滑行的片段，但在其餘各地的機場實景中卻芳蹤杳然，箇中原因讀者可在本書第十七、十八章中找到頭緒。

圖為《空中小姐》劇照，右為在片中飾演副機師的喬宏。

24「啟德」重建及現代化

戰後各國重建經濟，航空科技和商業飛行發展神速，帶動了全球主要機場的演變。第一階段為一九四五年至五十年代末的「重建及螺旋槳年代」，第二階段為五十年代末至六十年代末的「噴射年代」，「啟德」亦依着這個趨勢發展。其中為應付「噴射年代」，當局曾多次在九龍東部和中部進行大型的移山填海工程，為當地的地形景觀帶來重大變化。另一方面，中國內戰爆發及中共建國後引發多次大量難民和移民南來，令本港人口劇增。為解決居住問題，港府遂大力拓展九龍市區和觀塘等新市鎮，令原本位於市郊的「啟德」漸漸被石屎森林包圍，而成為世上罕有位於市區的國際機場。

與各大城市一樣，港府着手將在戰時被徵作軍用的「啟德」重建為軍民兩用機場。雖然戰時巨型轟炸機催生了較大型螺旋槳客機的出現，但由於在運作及載運量方面未算有突破，故大部分機場此時都集中於加強跑道承載力、修建導航設施、興建簡單的機庫、候機室和樓房等工程，對機場的要求大抵只是有足夠的空間供飛機升降，讓少數富裕人士享受旅程。

1 四、五十年代時使用的客運大樓。（民航處）

2 舊「啟德」為水陸兩用機場，九龍灣上的水上停機坪繁忙情況跟陸上機坪不遑多讓。

戰後香港百廢待興，英軍重踏「啟德」時四處只是頹垣敗瓦和戰機殘骸。皇家空軍返回機場東部重建啟德基地，民航部門和航空公司則在西部重設民用機場，而皇家海軍則短時期佔用機場中部。初時機場除日軍修建的兩條交叉跑道外，亦有部分位於現時啟業邨所在地的戰前英軍大樓仍然尚存，但民用機場設施則片甲不留，當局需要搭建大量帳棚充當辦公室、移民局和候機室等。與此同時，「啟德」亦着手興建多樣永久設施，包括機場中部的維修庫、西部海濱的客運大堂等。

到一九四九年大陸內戰接近尾聲時，每天皆有大量富裕難民從空路來港，令「啟德」一時躍升為全亞洲最繁忙的機場。由於來港的飛機越來越多也越來越大型，如 DC-4 和波音 B-377「同溫層巡航機」（Stratocruiser）等，當局擔心當年由戰俘偷工減料所造的跑道是否安全，這為五十年代「啟德」的大革新埋下伏筆。一九五〇年港府重鋪日軍興建的兩條跑道，並把 13/31 跑道西端橫越當時的清水灣道伸延六百零八呎，使用跑道時需要先拉閘響號截停馬路上的車輛以供飛機升降。照明系統亦得到改善，但礙於機場被群山包圍，除緊急情況外，「啟德」不供夜間升降。

隨着五十年代初噴射客機的應用，港府清楚明白「啟德」太小，不但滑行道窄、跑道短、機坪和候機室細小，航道也十分險峻，噴射機根本無法在此升降。而地勤設施亦太落後，不能為高科技飛機提供適當支援。除非機場大事擴建並以全新面目示人，否則香港會在新航空年代被拒諸門外，從而窒息經濟發展。經多番研究後，港府決定耗資一億五千多萬在「啟德」進行前所未有的擴建計劃，包括興建全新的客運大樓和跑道以取代原有設施，工程同時為三千名低技術本地勞工提供就業機會。新跑道由機場西端直伸入九龍灣，長二千五百米、闊六十一米，可供新一代噴射機如迪哈維蘭「彗星型」和波音 707 使用，新跑道座標同為 13/31。新 13/31 跑道的設計大膽創新，世上獨有，並於一九五八年啟用。巨型航機需要在九龍鬧市上空升降，與各式新舊住宅互相輝映，成為聞名於世的香港特色，一如啟用禮當日港督柏立基爵士（Sir Robert Black）之致詞所說：

「從今以後，香港不會只因擁有一個天然良港而聞名於世，更有這條極富想像力的跑道而揚名天下。」

3 圖為新「啟德」停機坪及行車線，圖右為「泛美」的「同溫層」雙層客機，是當時在「啟德」飛行的最大型飛機之一。（吳邦謀）

4 戰後，皇家空軍啟德基地重建不久後又遭 1946 年 7 月的颱風吹襲，損毀嚴重。（香港歷史博物館藏品）

5 舊「啟德」以 13/31 為主跑道，其位置比新 13/31 更貼近山巒。（香港歷史飛機協會）

6 圖為啟德機場西部，攝於 1949 年末「兩航事件」發生初期。由於幾乎全中國的民航都擠在「啟德」中部停機坪上，故場面壯觀。（香港歷史博物館藏品）

香港人喜歡趁墟，機場訪客與真正乘客的比例
極不正常地高，香港為五比一，倫敦只是一比一而已……

——六十年代初港府對啟德新客運大樓的介

新客運大樓在一九六二年落成，樓高七層並在頂層設有指揮塔。為加快人流，大樓採用「分層式」設計，分「離港」和「抵港」上下兩層，離港行李則運往底層地庫處理，乘客和行李分別由卡車送到停機坪上機；抵港層設有「過濾區」，落機乘客先要到衛生檢疫和入境櫃檯，然後去處理區認領行李和清關，經過酒店櫃檯和兌換店等設施後便可以到達接機大堂。新客運大樓有隔音和空調設備，每小時可處理五百五十人次，成為當時東南亞最大型的機場大樓。噴射機的高航速、高噪音、高科技運作奠定了「噴射年代」下現代化新機場的特色：精確的導航、寬敞的跑道、密封的客運大樓及規範化的地勤運作等。「啟德」的快速變身是香港航空業和經濟發展的重要標誌，美中不足的是當時「啟德」依然未有噴射機的副產品——登機橋，乘客仍要冒日曬雨淋在嘈吵非常的噴射引擎間上落。往後數十年「啟德」就以新跑道和大樓為核心擴展。

「啟德」其中一個重要成員是一九五〇年成立的香港飛機工程公司，初時該公司只有兩個簡單的小型機庫和一些木屋為民航及軍用飛機提供維修服務，除作為「國泰」、「港航」和「澳航」的維修基地外，「港機工程」亦為多間外航及英、美軍方的重要夥伴。為應付更多和更大的噴射機，「港機工程」先後在一九五八及一九六一年搬進了新飛機庫。

昔日的「啟德」登記櫃檯——半島酒店

今日乘搭飛機是一件簡單不過的事——先開車或乘公共交通工具前往赤鱲角，下車後到航空公司的登記櫃檯（check-in counter）辦理登機手續。但在四、五十年代啟德機場現代化之前，當時的「客運大樓」只是一座臨近海濱的白色小平房，要 check-in 就要先往「啟德」的多年拍檔——尖沙咀半島酒店。當年幾乎所有航空公司都在半島設立辦事處，按規定乘客必須在起飛前個多小時先到「半島」登記及把行李過磅，然後乘坐航空公司專車前往「啟德」登機，車程只需十五分鐘，按規定旅客不能駕駛私家車往機場（當然達官貴人除外）。

此外，那年代的航班疏落，轉機旅客可能需要在港停留，據當時的規例，凡在香港轉機之旅客的食宿一律由航空公司免費提供，「半島」自然是首選酒店之一。至於抵港方面，航空公司大都為乘客安排專車自「啟德」直接送往以「半島」為首的各九龍主要酒店，港島酒店則不包括在內，只因為當時海底隧道仍未興建。

那年代乘飛機總會與「半島」結緣，是一件豪華不過之事，不過煩瑣的規例卻也不少，例如前往中國的乘客必須帶備出發前十四天至一年內發出並附有相片的接種牛痘證明書方可訂購機票；而上機前更必須將相機放入有鎖行李箱或交由機員保管，嚴禁隨身攜帶。

THIS ENVELOPE CONTAINS YOUR TICKET

YOUR PLANE LEAVES FROM Kai Tak Airport at 0930 a.m./xxxx
Your bus leaves from Peninsula Hotel at 0830 a.m./xxxx
If you are going direct to the Airport by your own transport, BE THERE at a.m./p.m.
Please check in at 0800 a.m.
Round-trip fares are twice one-way fares less 10%
MEALS: Delicious complimentary meals served aloft or on the ground at conventional meal times while passengers are enroute.

（上）停泊於「半島」外的「英國海外」乘客專車。（中）「國泰」位於半島酒店的櫃檯，當年幾乎所有航空公司都在「半島」設有辦事處。（國泰航空）（下）圖為註明在半島酒店 Check in 的「泰航」機票。（吳邦謀）

7 全新的 13/31 跑道及客運大樓。
8 圖為全新的客運大樓連指揮塔。（民航處）

跑道編號

機場跑道各有代號，號碼以該跑道兩端的座標（1 至 360 度）首兩位數字而定名。「啟德」伸出九龍灣的跑道由西北（九龍城）至東南（鯉魚門）一端的座標為 134 度，而東南至西北的一端則為 314 度，故跑道稱為 13/31 跑道。在赤鱲角新機場，兩條平衡的跑道就以左（L）、右（R）區分，故靠近東涌的一條稱為 07R/25L，而臨海的一條則稱為 07L/25R。

啟德機場的跑道編號就寫在跑道起點上。（朱迅攝）

25 快速擴展與飽和

機場其實是一個反映人文精神的地方，若說新加坡樟宜機場代表了新加坡人平實、富遠見的作風，「啟德」則無疑見證了香港人在不由自主的壓迫下仍能扭轉乾坤的性格。七十年代，正當波音747、洛歇L-1011「三星」、道格拉斯DC-10、空中巴士A300等廣體式客機相繼投入服務之際，一眾主要國際機場也進入革命性的第三階段「廣體年代」，紛紛改建原有設施和增加新的輔助系統以應付大量客貨流量。此外，雖然經過五、六十年代的全新擴建，但因民航業以倍數增長，新「啟德」很快便再次不敷應用，當局最終需要把整個九龍灣填平闢作停機坪，至九十年代，「啟德」已經用盡鄰近每一吋土地，擴無可擴，但這缺陷卻製造了獨特的飛機擠擁景象，其中以飛機升降13/31跑道最為聞名。就在這片極有限的空間裏，香港將「啟德」提升為全球其中一個最繁忙而又最有效率的國際機場。

進入「廣體年代」，「啟德」以靈活的方式提升機場處理新一代巨型客機的能力。廣體客機除了因為體積和載重量龐大而需要更長更闊的跑道和滑行道及更大的泊位外，亦需要有全新的地勤設施以快速地處理大量的乘客、行李和貨物流量。為迎接波音747的來臨，「啟德」於一九六九年（即747面世首年）便馬上動工興建客運登機橋、自動行李分發系統和全新的大型維修庫，並進行13/31跑道擴闊工程。一九七〇年四月十一日，「泛美」波音747-100「珍寶」客機首次到港，「啟德」成為美國境外第四個供747升降的機場。當局着手築填餘下的九龍灣及將跑道向東伸長至近三千四百米，工程於一九七四年完成，令「啟德」能容納更多和載重量更大的飛機。同時又裝設了新導航系統，務求令航機升降更安全。為了擴張「啟德」和發展鄰近土地，皇家空軍基地逐步遷往石崗，令「啟德」最終於一九七八年由軍民兩用機場變成一個純民用機場。這些應變措施除了為香港民航業發展提供必須的條件外，亦令香港的航空設施在東南亞處於領先地位。

1 七十年代初，13/31跑道進行延長工程之餘，港府亦進行最後階段的九龍灣填海工程以擴展停機坪。（民航處）

除一系列決定性的客運設施改革外，另一名「啟德」重要成員亦於此時誕生。一九七六年，港府與「太古」、「怡和」、「九倉」和「黃埔」四大公司合辦的香港空運貨站有限公司（Hong Kong Air Cargo Terminals Ltd.）在九龍灣新填海區建成了一座大型空運貨站，令「啟德」處理貨物能力大增，後來在一九九一年時加建了更大的二號貨站，成為世界最大和效率最高的空運處理中心之一。而「港機工程」則於一九七〇年在近新蒲崗位置多建一座當時遠東最大的第四號機庫，以容納新一代廣體式客機。「港機工程」躋身世上首屈一指的飛機工程公司之列，其技術及管理皆有傑出成就，其中以維修和改裝波音 747 及「三星」客機最為突出，曾是美國洛歇公司以外最大的「三星」維修基地，並吸引了全球多國航空公司飛抵細小的「啟德」進行大修和改裝。

踏入八、九十年代，亞洲區內多國陸續開放及大力發展經濟，令區內航空交通量大增，但亦使多個機場進入飽和窘局。由於「啟德」已不能再靠填海擴展，只能在原地擴建客運大樓和收回邊緣土地改成停機坪，而客運大樓的非必要設施如公眾看臺等也相繼改成候機室和貴賓廳，停車場亦向高空發展。此外，當局先後收回彩虹邨對出的前英軍軍營和九龍灣貨物裝卸區及臨屋區，令「啟德」伸展至緊貼麗晶花園和牛頭角工業區。為用盡每一分土地，更將碩果僅存的草坪鋪為停機坪，又加建滑行道和滑行橋以求提高飛機在地面的流量。由於停機坪細小又只得一條跑道，「啟德」供飛機升降的時間和空間非常有限，故各大航空公司都盡量使用巨型飛機來港，八成在「啟德」升降的航機均屬廣體式，飛機停泊密度之高更是世上罕見。不過由於環境限制，「啟德」一直只得八道登機橋供乘客直接上落，絕大部分航班都需用接駁巴士和登機梯，雖然為乘客造成不便，但「啟德」卻發展出一套高效率的地勤流程。大概不少九龍灣的居民都試過離家前往位於九龍城的客運大樓，結果最後還是要乘接駁巴士返回泊在住所附近、甚至是「樓下」的飛機登機，步上登機梯時或許還可以再望多居所一眼。

2 「港機工程」吸引了世界各地航空公司來港進行維修，其中以 747 及「三星」最為突出，四號機庫內可容納多架廣體式飛機。（港機工程）

3 位處鬧市中心的「啟德」，攝於 1998 年關閉前。（Cliff Wallace 攝）

4 為應付 747 的升降，「啟德」作了多項改善工程，包括興建登機橋。（民航處）

5 七十年代初的啟德停機坪經常被 CV-880、DC-8 和 707 等機種佔據。（港機工程）

6 到七十年代「啟德」仍是軍民兩用機場，舊 13/31 跑道已改成空軍基地停機坪，該處現為麗晶花園所在。（*Gau Lung*）

到一九九七年，「啟德」總面積有三百三十公頃，飛機停泊位六十九個，全年處理超過六十七間航空公司的十六萬五千多班航機，合共二千八百萬人次，是全球最繁忙的機場之一，國際貨運吞吐量達一百八十萬公噸，為世界首位。回首在一九四七年時，「啟德」的面積只有不足二百公頃，處理十三間航空公司共五千五百航班，接待乘客八萬人次及約一千公噸貨物。

雖然「啟德」有驕人的成就，到今日亦成為香港人的懷舊對象，但「啟德」其實一直都是香港環境改善和民航發展的一大障礙，更可說是個計時炸彈。「啟德」升降航道位於市區之上，噪音影響範圍非常廣闊，時刻在港九數以十萬計市民的頭上進行轟炸，而航道亦限制了九龍多處的樓宇高度，令部分地區未能盡用空間。而每當香港發生空難或其他地方出現飛機撞上民居的意外時，市民和傳媒定必高叫「搬走機場」，這與「啟德」關閉及新機場混亂時市民大呼「留住啟德」、「因無飛機聲而失落」的情況大相逕庭。

另外，「啟德」的限制亦窒息了香港的民航業成長。首先，單跑道的「啟德」經常因航班滿額而要拒絕新增航班和新航線的開發，到九十年代，每週都有近三百班加班機被「啟德」拒諸門外，造成經濟損失。為減少噪音問題，「啟德」午夜不供飛機升降，此舉亦限制了香港的航空交通發展，對香港的經濟發展和對外交流做成負面影響。而當其他機場開始朝「綜合功能」方向發展、為乘客提供多元化服務之際，「啟德」卻顯得有心無力，無法與樟宜和阿姆斯特丹史基浦（Sohiphol）等相比，只能等待新香港國際機場接棒上路。

7 「國泰」747-200F 在九龍鬧市上空轉彎待降。飛機橫越九龍西、中、東多區，受飛機噪音影響的居民數以十萬計。（朱迅攝）

8 八十年代啟德機坪以「三星」、747-200 和空巴 A300 為主。（國泰航空）

9 到九十年代，「啟德」泊位供不應求而機坪亦擴無可擴，航空公司惟有多用 747-400 及 A330-300 等大型航機飛行。（Cliff Wallace 攝）

10 在樓宇間飛行的奇景。（盧志超攝／香港航空攝影會提供）

11
Thai

12
AIR FRANCE

14

15

我可以告訴你，對我們這些曾坐在駕駛室降落舊機場的人來說，那是一生中最刺激而又最不安的經歷。

—— 一九九八年六月二日美國總統克林頓訪港時重提十多年前的「啟德回憶」

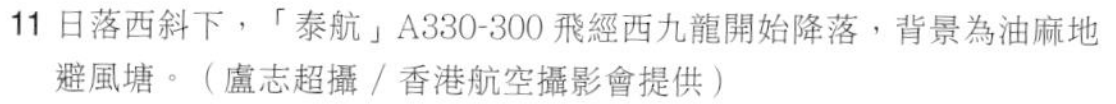

11 日落西斜下，「泰航」A330-300 飛經西九龍開始降落，背景為油麻地避風塘。（盧志超攝 / 香港航空攝影會提供）

12 13/31 跑道的緩衝草坪太窄，令跑道與滑行道及機場外建築太近，其程度由這架「法航」747-200F 與街上車龍可見一斑。（何振綱攝 / 香港航空攝影會提供）

13 九龍城部分舊樓天臺飼養雀鳥，經常出現白鴿與鐵鳥並飛的構圖。（Cliff Wallace 攝）

14 不管日與夜，巨機不停掠頭而過。（Cliff Wallace 攝）

15「東航」MD-11 劃破潮濕空氣飛經「格仔山」。（何振綱攝 / 香港航空攝影會提供）

16「國泰」「香港精神號」從 31 跑道起飛不久，便要立刻向左轉飛以避開群山。（盧志超攝 / 香港航空攝影會提供）

香港傳奇——13/31 跑道

多年來，「啟德」的 13/31 跑道被稱為世界航空史上一大奇觀。由於該跑道要求高速的巨型噴射機在山頭和高樓大廈間低飛並轉急彎降落，故在五十年代興建前更需要英國海外航空在英國找地方模擬九龍地形試飛，以證明 13/31 跑道的可行性。由於航機升降時分別會飛越九龍中和鯉魚門，為此又需拆卸部分九龍城高樓及鑵平附近的聖山、九龍仔山和鯉魚門山，所得石塊則用來填海之用。

儘管航空科技日新月異，但航機上各種先進自動降落系統在「啟德」的 13 跑道卻未可盡顯所能。要在山多樓多的九龍上空降落，飛機先要在儀器導航系統協助下由西向東從九龍西降到九龍城「格仔山」上空，再以肉眼和人手向右急轉 47 度降落 13 跑道，這種同一時間在低空急轉、並在山崗和高樓大廈間高難度的飛行方式，全球只有「啟德」一家。對大型高速噴射機而言，機師必須掌握每秒的風速和風向變化及飛機的高度和速度，半秒的差池都會令飛機偏離航道，而釀成各式各樣的驚險場面或災難。

從 31 跑道向九龍城方向起飛則是另一奇觀。當飛機向鯉魚門方向滑行至跑道末調頭準備起飛時，機師眼前除密密麻麻的儀錶和螢光幕外，就只有前方數以千計的高樓大廈和海拔五百米高的筆架山和獅子山。甫起飛，機師必須要在爬升不久後立即轉向西飛，以免直撞向山。31 跑道由於受九龍城樓宇的限制，故實際滑行距離較 13 跑道短，對航機起飛爬升率的要求亦更高。有時候若一架原定由 13 跑道起飛、載滿客貨和燃料、並達最大起飛重量的長途客機在起飛前因風向改變而要使用 31 跑道，就往往需要卸掉部分貨物以維持較高的爬升力。

13/31 跑道一直被國際航空機師協會認定為全球最危險的跑道之一，主要缺點包括 31 跑道長度不足、跑道與滑行道距離太近、附近太多高山和大廈、風切變經常出現、夜間附近有太多非導航用燈光及跑道太過繁忙等。13/31 跑道的獨特環境使它成為世界各大航空公司的訓練教材，被公認為考驗機師的最佳挑戰，由於自動升降系統在「啟德」作用有限，每次升降「啟德」都是表現真材實料的機會，各地機師都以被派往駕駛香港航線而自豪。

「啟德」關閉前 13/31 跑道一直是全球最繁忙的單一跑道，每小時升降架次為三十六架，一架飛機剛離地爬升便有另一架「珍寶」機飛抵九龍城上空轉急彎的情況可謂家常便飯，令「啟德」成為世界各地飛機攝影發燒友的勝地。多年來，本地和專程由歐、美、澳、日等地來港的發燒友全天候佔據九龍各山頭、屋頂和街道捕捉鐵鳥如作特技表演般的英姿，令「啟德」和香港的照片成為各地報章雜誌的首選，亦不經意地成為遊客的一個觀光點。

澳洲航空 747-400 剛開始轉彎以便對準 13 跑道。（Cliff Wallace 攝）

（上）控制下降高度是降落 13 跑道的難關之一。從攝影師身處位置可看到目視斜度進場系統出現「兩紅兩白」的指示燈顯示，圖中的「聯合」747-400 明顯偏高。（盧志超攝 / 香港航空攝影會提供）

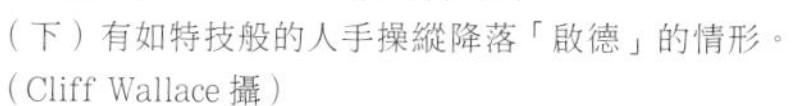

（下）有如特技般的人手操縱降落「啟德」的情形。（Cliff Wallace 攝）

（上、下）滑行中的 A330-330 尚未完全離開，「英航」的 747-400 已飛抵跑道。如此繁忙的情景，實在令人驚嘆。（Cliff Wallace 攝）

26 回歸前夕

七十年代末，在新界租借期限將於一九九七年屆滿的前提下，香港前途再一次成為香港及國際間的關注焦點。最終，一九八四年中英協議於一九九七年將香港交回中國，而「九七問題」亦令英資機構雄霸香港民航業近四十年的情況驟變，以及為華資進軍本地民航業提供契機。此外，中國踏上改革開放之路，除令停頓了三十年的香港內地航線重新投入運作外，更再次令香港成為中國連接世界各地的跳板，讓香港民航業得以高速發展。

一九七八年，中英訂立新航空安排，最初由「兩航」投共員工為骨幹發展而成的中國民航終於飛抵香港，先後開辦往上海、廣州、杭州及北京的定期航線，而英國航空公司（British Airways）則開辦倫敦經香港往北京的服務。在香港回歸及自由經濟的大前提下，英國終於讓香港在民航業上有較高的自主權和較平等地位。一九八〇年中，經冗長的上訴及巨大的輿論浪潮下，「國泰」及英國金獅航空（British Caledonian Airways）在空運牌照局批准下，開辦了香港至倫敦定期航線，打破「英航」長期壟斷這條當年戲稱「全球最長之國內航線」的情況。到一九八六年，按《中英聯合聲明》的協議，香港首次與荷蘭簽訂雙邊民航空運協議，結束了以往由英國代表香港談判的安排。

八十年代初中國大力開放改革後，香港的空運中心角色更進一步，成為中國對外的空運要塞。由於海峽兩岸一直實行「三不通」政策，香港長期成為內地與臺灣之間的主要通道，多年來香港至臺北的黃金航線更超越倫敦至巴黎和倫敦至紐約等航線，成為全球最繁忙的國際航線，程度遠超過亞太區內第二位的新加坡至吉隆坡航線。除此之外，香港亦作為中國民航業重生的踏腳石之一，透過在港經營和集資，中國民航逐步與世界接軌。踏入九十年代，中國國際航空（簡稱「國航」）、中國東方（簡稱「東航」）和中國南方（簡稱「南航」）等，已經成為在香港內地航線上舉足輕重的航空公司。

八十年代是「國泰」火速成長的重要里程碑。一九八〇年「國泰」開辦上海航線，香港航機三十年來首次正式重返內地，其後更取代「英航」飛行香港至北京航線。自一九八〇年

全程住宿一流大酒店，保證早機去、晚機返！

—— 八十年代初一句經典的電視廣告告白。香港富起來了，飛機已成為普羅大眾的交流工具，乘客開始要求多多……

成功爭取開辦香港至倫敦航線並引入波音 747-200「珍寶」客機後，「國泰」便逐漸由一間地區航空公司衝出亞洲，成為享負盛名的洲際航空公司，短時間內接連啟航巴黎、法蘭克福、蘇黎世、羅馬、溫哥華及三藩市，以先進的噴射機隊營運香港連接歐陸及北美區各大城市，並以傲視同儕的客貨空運服務水準而聞名於世。「國泰」躋身提供長途航線的主要航空公司之列，在業內佔有重要一席，到九十年代，「國泰」更先後入主香港另外兩間華資航空公司——港龍航空（Dragonair, 簡稱「港龍」）及香港華民航空（Air Hong Kong），版圖擴展至非洲，並先後成為波音公司的超長程 747-400 和 777 客機計劃的開發夥伴，更成為全球首用 777-300 客機的公司。

1 1979 年 7 月 31 日，「國泰」全新的 747-200 首次抵港。（國泰航空）

2 1983 年，「國泰」在澳洲尋回「貝西號」，並重披上四十年代的原色後飛返香港。圖為 1986 年該公司慶祝四十週年期間在大會堂外展出的情形。「貝西號」後贈予香港科學館收藏。（國泰航空）

3 一架「國泰」747-400 於早上降落「啟德」31 跑道時攝。（朱迅攝）

4 1994 年起，「國泰」即以空中巴士 A330-300 取代「三星」機隊，同時亦為預備香港回歸起用「翹首振翅」新標誌，以代替沿用超過 30 年的綠白間條塗裝。（Cliff Wallace 攝）

5「南航」一度經常使用 777-200 飛行香港航線。（盧志超攝 / 香港航空攝影會提供）

一九八六年由曹光彪、包玉剛、馬萬祺和霍英東等華商及華潤、招商局和中國銀行所組成的港澳國際投資有限公司成立了港龍航空，嘗試借「九七優勢」打破多年局面。「港龍」起初經營並不順利，港府認為只有由英籍人士持有的航空公司，方可以香港本地航空公司的身份利用中英航空協議的配額開辦香港內地航線，同時又不承認「港龍」自行與北京當局達成的航權安排。最後「港龍」惟有進行改組，讓持有英籍的船王包玉剛爵士成為大股東以合符港府要求。但根據港府的「一條航線由一間公司營運」政策，「港龍」只能開辦區內的次要航線，如清邁和亞庇等。「港龍」初時以兩架波音 737-200 營運，服務以前往中國大陸的定期包機為主。

踏入九十年代，「太古」、「國泰」及中信泰富入股「港龍」，憑太古系的管理和技術支援，「港龍」得以全速發展。此後，「港龍」取得原屬「國泰」經營的北京和上海黃金航線，並以全新的空中巴士 A320-200 及 A330-300 機隊營運內地各大城市及多個東南亞地點，包括廣島、布吉、金邊及達卡等地，成為自「港航」結束三十年後唯一成功發展的客運航空公司。一九九四年，北京嘗試重組曾以香港為基地，但在「兩航事件」後停止航班運作的「中航」成為香港第三間客運航空公司，最後「國泰」在兩年後減持「港龍」股權而中航則成為「港龍」的最大股東，中方放棄建立新航空公司，令「港龍」得以全力擴展大陸航線。同年「港龍」取代「國泰」經營高雄航線，以維持「國泰」和「中航」／「港龍」暫不作直接競爭的關係。

一九八六年，另一間本地華資香港華民航空（簡稱「華民」）成立，早期以波音 707 貨機經營包機服務，起步甚為艱難。九十年代初，信德集團入主「華民」並積極拓展業務，先後開闢往曼徹斯特、布魯塞爾、新加坡、名古屋和胡志明市等地的定期貨運服務，並改以波音 747-100 及 747-200 貨機飛行，但仍然虧損嚴重。最後「國泰」於一九九四年收購「華民」而成為大股東。此後，「華民」換上三架波音 747-200 貨機，並獲得飛行杜拜、大阪及亞洲各地的定期或包機航權。

此外，八、九十年代亦有一些本地和外國資金嘗試在港創辦航空公司。來自英國的 McAlpine Aviation Asia Ltd. 於一九七九年創立，以兩架霍克斯利（Hawker Siddeley）HS-125 商務噴射機經營私人包機服務，但該公司只維持了一年多便結束。同年嘉道理家族成立直昇機服務公司（Heilservices），主力經營市內空中觀光路線和空中吊運，該集團並於九十年代初在半島酒店新翼頂樓興建直昇機場。到八十年代中則有澳洲資金成立的泛澳航空（Transcorp Airways），該公司以一架波音 707 貨機營運往悉尼的包機，但飛機有如「空中小巴」一樣，長年停泊在啟德機場，每每要等待有足夠的貨物才能成行，結果一年後倒閉。

6 「港龍」成立初即以二手737-200營運，圖為該公司第一代的機組人員。（港龍航空）

7 九十年代初，「港龍」曾以「三星」機飛行北京和上海航線。（港龍航空）

8 「港龍」以 A330-300 飛行上海、北京、高雄及達卡定期航線。（盧志超攝 / 香港航空攝影會提供）

9 McAlpine Aviation 的 HS-125 機隊。（港機工程）

10 泛澳航空的唯一一架 707 貨機，因生意欠佳，該飛機大部分時間停泊於維修坪。（港機工程）

11 「華民」747-200 貨機正朝 13 跑道降落。（Cliff Wallace 攝）

八、九十年代，更多的航空公司飛抵「啟德」，令停機坪大放異彩之餘，乘客與貨主亦有更多選擇和航點。七十年代末，美國開放民航業，改寫了整個經營秩序。到八十年代中，老態龍鍾的泛美航空被迫變賣包括香港在內的遠東航線予新崛起的聯合航空（United Airlines, 簡稱「聯合」），「聯合」從此在港建立舉足輕重的地位。美國開放天空產生了航空速遞業，發展出敦豪國際（DHL）、聯邦快遞（FedEx）和聯合包裹速遞（UPS）等巨型全球性企業，紛紛於八十年代中後期伸展至香港。

中國開放和冷戰結束令香港與各地商貿、旅遊更上一層樓，再加上「九七問題」引起移民潮，令香港與歐美澳紐的航空需求大大增加，多間航空公司都嘗試涉足市場，如達美航空（Delta Air Lines）、澳洲安捷航空（Ansett Australia）、楓葉航空（Air Canada）、英國維珍航空（Virgin Atlantic）、巴西航空（VARIG）、阿聯酋航空（Emirates）及努力投向西方懷抱的俄羅斯航空（Aeroflot）等。

與此同時，亞太區內多國亦踏上開放天空之路，民營航空公司終於可以開辦一向由國營公司專營的香港黃金航線，這些新面孔包括日本全日空（ANA）、南韓韓亞航空（Asiana Airlines）及台灣長榮航空（EVA Air）等。而在戰火後重建的中南半島國家亦重新與香港連繫，越南航空（Vietnam Airlines）和皇家柬航加入「啟德」行列，讓小小的停機坪更形熱鬧

12 八、九十年代的移民潮令香港與英美澳加的空運倍增，當地的航空公司如澳洲航空就大加航點與班次。（朱迅攝）

13 八十年代中起，速遞服務興起，歐美多間速遞公司投入香港市場，UPS 便是其中之一。（朱迅攝）

14 八十年代末多個亞洲國家陸續容許民營航空公司飛行香港定期航線，日本全日空便是其一。圖為「全日空」的 777-200。（梁樹昌攝 / 香港航空攝影會提供）

27 姍姍來遲的新機場

「政府當局本來在光復之初就動手建築新機場的，在屏山方面已經實行動土，可是因當地居民不肯搬走，當局終於在一九四六年四月二日宣佈停止進行。之後，大家鑑於香港沒有新機場便是香港的損失，不斷進行找尋新的地點……於是英國航空技術代表團來港視察，希爾元帥來港計劃，英國民航大臣彌敦爵士也關懷這一事情而來港一遊。這些這些，都是建築新機場的先聲，遲早必有實現的一天。」

一九四八年版華僑日報《香港年鑑》曾有此結論。事實上，香港戰後社會上下普遍認定香港很快會有一個新機場，結果一等便是五十年。經過半個世紀的反覆研究和擾攘，興建新香港國際機場的夢想終於在廿一世紀來臨前實現。由空中樓閣到正式運作，新機場經歷了多次夭折和重生，見證香港五十多年的政經變化。隨着新機場啟用及香港進一步與中國內地結合，我們的天空已展開新的一頁。

1 赤鱲角島原貌。（國泰航空）

2 赤鱲角新機場土地平整工程完成後，建築立即展開。（香港機管局）

二戰結束後，啟德機場只剩下一片焦土，英國政府急於重建之際，亦發覺「啟德」未能應付戰爭所催生的一系列大型飛機，故港府於一九四六年正式開展新機場研究計劃。經過詳細研究，港府初步選定港島赤柱和毗連后海灣的屏山為新機場的兩大選址。但礙於地理限制，於赤柱建造新機場要大事移山填海，當時香港仍屬貧窮地區，未有經濟實力去承擔興建新機場及其交通網絡。而屏山則因太接近內地，飛機升降時定必飛越中國領空，尤其當韓戰爆發後中英關係緊張，航機或會受中國空軍攔截，最後港府於一九五一年決定以擴建「啟德」取代新機場的構想。

到七十年代中，香港經濟起飛並躋身「亞洲四小龍」之列，當時「啟德」有飽和之勢，再加上環境污染、飛行安全和為九龍市區發展鋪路，港府再次研究興建新機場的方案。經過顧問研究，港府最後認定赤鱲角為新機場選址，預期於九十年代初落成。不過，此時卻出現香港主權問題，在政治及經濟前景極不明朗的情況下，港府毅然在主權問題定案前以經濟負擔為理由放棄興建新機場。

一九八四年中英兩國簽訂《聯合聲明》，香港經濟再次穩步增長，而「啟德」已達飽和及再難以擴建，港府故於一九八八年重提赤鱲角新機場計劃。一九八九年「六四事件」發生，香港出現信心危機，大量資金及人才外流。為了穩定人心，港府馬上於一九九〇年的施政報告發表新機場計劃，決定在赤鱲角建造新香港國際機場，目標於一九九七年七月香港回歸前落成啟用，到時「啟德」將會關閉，兩個民航機場不會並存。由於新機場及其「玫瑰園計劃」

牽涉的資金龐大並跨越「九七」，故需要中英兩國達成協議方可成功進行，此事最終要到一九九一年九月雙方簽訂諒解備忘錄，才正式落實新機場計劃，近半個世紀的大計終於邁向成真的一步。

「玫瑰園計劃」以赤鱲角新機場為核心，包括港島中西區、西九龍及北大嶼山十個基建工程，耗資達一千五百多億港元，為當時全球最大型的基建項目之一，舉世矚目。為盡快完成工程，數以萬計本地及外來工程人員每日廿四小時輪班工作，不停興建新機場及其配套設施。新機場建於赤鱲角島和欖洲上，當局需要移平兩個小島，並築填成一個面積超過一千二百公頃的機場島。當時，全球七成半的填海躉船都雲集香江，參與這項世紀工程。

新機場造價為七百多億港元，一九九〇年代設計時多項建築和系統都為同期世界最大和最先進的新型設施，並適合未來載客量達九百人的巨型飛機使用。其中「Y」型客運大樓由英國建築大師霍朗明（Norman Foster）設計，被視為新一代機場典範。落成時大樓擁有四十八個登機橋位，乘客可告別要「遊車河」露天上落的啟德年代，令人和行李的處理效率大大提高，加強香港成為轉運中心的能力。在機場南部的貨運區則建有香港空運貨站的「超級一號貨站」（SuperTerminal 1），是當時全球最大的單一空運處理中心，機坪可停泊廿一架貨機，與另外的亞洲空運中心（Asia Airfreight Terminal）每年處理貨物能力合共

3 圖為新機場南跑道。新機場跑道與狹窄的「啟德」13/31 跑道形成強烈對比。（香港機管局）

4 因為財務安排及需求問題，新機場部分設施需分階段啟用，其中「Y」形客運大樓的西北客運廊及北跑道需於機場啟用後才完成。（Cliff Wallace 攝）

5 圖為接連機場與市區的青馬大橋及汲水門大橋。（香港機管局）

6 新機場開幕前正值美國總統克林頓（Bill Clinton）訪港，故新機場特別開放予「空軍一號」（Air Force One）使用。（吳邦謀）

達三百萬公噸。在西部的維修區有港機的全新機庫，而在西南部則有政府飛行服務隊基地及商用飛行中心。另外東部亦設立商業區，內有海運碼頭、「國泰」和「港龍」的總部大樓及眾多航空和物流公司的辦公設施。新機場擁有兩條平行的南北跑道，皆屬精確進場類別，其中南跑道屬第II類、而北跑道則屬更先進的第IIIA類，可供飛機在能見度只得二百米的天氣下降落，以加強機場可廿四小時全天候運作的能力。此外，機場中部及東部亦預留了大量土地作日後擴展之用，當時預計可應付至二〇四〇年，全年處理八千七百萬人次及九百萬公噸貨物的極限。

由於後過渡期裏中英與香港關係因港督彭定康（Christopher Patten）政改方案和新機場財務安排等問題而出現緊張，原計劃於「九七」回歸前完工的「玫瑰園計劃」就在這一片爭拗聲中展開，融資及工程一拖再拖，政治上的障礙要到一九九五年中才告結束，以致新機場啟用日期多次延遲，結果港英政府只能趕及於回歸前建成青馬大橋等配套項目，而主角新機場則要到一九九八年中才由香港特區政府主持開幕典禮。

除了不能於「九七」回歸前啟用外，爭拗的最明顯後果可説是客運大樓「西北客運廊」需要延遲落成，以致「Y」形大樓啟用時未能以完整外形示人。分期完成令工程費用增加，而機場延遲啟用亦引致整體經濟損失。

7 政府飛行服務隊的「超級空中王者」是首架在赤鱲角着陸的飛機。（香港機管局）

世紀建築

九十年代是機場發展的一個里程碑，以亞洲為首的多國大興土木，爭相興建宏偉的巨型機場或新航廈。客運大樓成為機場的靈魂，儼如炫耀財力和國粹的指標，亦變成一眾建築師的表演舞臺。此階段的客運大樓擺脱了實用主義的規範，一改過往只定位為讓乘客上落飛機的「處理器」角色，力求令乘客呆等至發瘋或如墮迷宮的情況已成為歷史。這一批新大樓流行以玻璃幕牆和鋼材支架砌出廣闊的空間和簡單的間隔，再配以一個獨特樓頂而成，香港新機場可説是當中的典範。

霍朗明設計的「Y」形大樓利用連綿不絕的玻璃幕牆引入天然光線，亦讓乘客可與將要登上的飛機先來個目光接觸，並在離開前再次欣賞香港的群山與海港。波浪形的大樓以三十七道方向一致的拱頂組成，玻璃天花可讓天然光透入室內。為免陽光直射而出現溫室效應及刺眼，天花設有反射裝置將光線射往白色天花板再瀉下地面，具氣魄之餘又富能源效益，與昔日不見天日的啟德有天壤之別。高聳的天花更營造極寬敞的空間感，舒緩乘搭飛機的緊迫氣氛，令人難忘。

大樓另一個傑出之處便是其「以人為本」的設計概念，除有完善的殘疾人士設施外，亦處處考慮到一般使用者的需要。乾淨利落的通道讓乘客能簡單地朝着一個大方向走，由下車處到登機閘口、或從飛機到離境大堂，路程絕不會九曲十三彎。雖然大樓共分八層，但乘客絕不需要拿着行李走上走落：離港旅客辦理出境手續後只需乘扶手電梯往下一層便可直行至飛機，而抵港旅客更完全不需轉換層數，可直接由飛機走到機場出口、甚至是機場酒

一號客運大樓夜景。（香港機管局）

店大堂或機鐵月臺。就算要轉換層數，總有扶手電梯、升降機或緩坡道候命。此外，廣闊的大樓設有總長度超過三千五百米的自動行人道和列車穿梭東西兩端，乘客不需要狼狽地攜着行李跑樓梯或走個半死。而登機橋上下連接離港及抵港兩層，將登機和落機的兩批乘客完全分隔獨立處理，避免乘客混集之餘又保證地勤流程暢通無阻。新機場的洗手間入口不設開關門、走道足夠讓乘客帶着行李手推車進內。

同期中國各地亦有多座外貌標奇立異的新客運大樓落成，但設計心思仍未能如香港新機場般成熟。而與世界各地多座國際級水準新航廈相比，赤鱲角亦堪稱傑作，更在一九九九年美國拉斯維加斯工程建設機械博覽會（CONEXPO-CON/AGG 1999）獲選為「二十世紀世界十大建築成就」之一，與巴拿馬運河、英法海峽隧道、阿斯旺水壩、紐約世貿中心、悉尼歌劇院及金門大橋等齊名。

不過，客運大樓亦有一些具爭議的地方。若跟有如浮世繪中一個巨浪的大阪關西，或仿似一片馬來亞森林般的吉隆坡新機場，或如科羅拉多群山雪嶺般的丹佛新機場等相比，香港新機場或會令人難以找到明顯象徵香港的外形設計。而與充滿原住民藝術色彩的溫哥華新航廈，或仿如一座丹麥當代藝術館的哥本哈根機場比較，香港的簡約室內裝潢和色調亦被評為欠缺香港味道。啟用初期亦發現不少瑕疵，如名貴黑色大理石地板太光滑，

一號客運大樓內禁區範圍。（香港機管局）

容易令女士「走光」，開幕前要將其磨啞；另外離境大堂設計新穎的巨型航班資料顯示屏幕又在白天反光，接機者很難看到上面的資料；洗手間選用的深色設計令光線不足，再加上衛生設施不夠，令當局後來要興建多個新的白色洗手間。

除「Y」型客運大樓外，新機場的其他矚目建築包括同為霍朗明所設計、擁有高科技貨物儲存及分發系統的「超級一號貨站」，以及號稱世界最大航空廚房的國泰航空飲食服務大樓、國泰城及港龍 / 中航大廈等。

（上）流線型的屋頂極具宏偉氣魄。（香港機管局）
（下）連綿的玻璃幕牆。（香港機管局）

28 新機場的啟用及發展

回歸後的香港經歷不少風雨，一九九八年七月的首個星期裏，香港人由集體懷舊一下子變成集體憤怒，箇中滋味令人難忘。不過，折翼的新機場很快便重新振翅成為蜚聲國際的香港品牌，成績有目共睹。新機場讓香港趕上機場演進的第四階段——「綜合航運中心年代」的行列，並正迎接新「超級珍寶世紀」的來臨。

一九九八年七月五日，「啟德」最後一日運作，次日凌晨正式關閉，一夜間便將物資趕在早上六時前運抵赤鱲角，讓新機場投入服務。當日早上開始，新機場便因多個電腦系統失靈及設施未盡完善而引起大混亂，其中以行李輸送、航班資料、登機橋等系統最為嚴重，而水電及衛生設施等亦發生問題，再加上首數天有數以萬計市民湧到參觀，遂令客運大樓陷入半癱瘓狀態。另外由於「超級一號貨站」的電腦系統亦出現故障，令貨物交收停頓，最後貨站要罕有地向全球宣佈停收貨物九天，並要重開「啟德」二號貨站和利用深圳、澳門等機場分流疏導，而機鐵亦間歇失靈。混亂最後持續個多月，當時引起香港及國際社會的極大迴響。

雖然新機場出師不利，啟用初期使用率更因「亞洲金融風暴」和航空業倒退而大打折扣，但經過首兩年經營後便陸續返回正軌。隨着北跑道、西北客運廊、新貨機泊位及備用控制塔相繼投入服務，新機場開始表現其應有實力，交通量及運作效率都超越「啟德」的水平。一九九九年八月，華信航空（Mandarin Airlines）在新機場發生嚴重翻機意外，機場各單位表現出極高的救援效率而備受讚賞。在歷年多個國際調查及研究中，香港國際機場在保安、客貨運處理、酒店服務等水平，以至機場內多座建築物設計都得到獎項或名列前茅，令香港與樟宜、史基浦及吉隆坡等世界頂級機場齊名，開始進入一個與啟德年代截然不同的航空新紀元。

自八十年代起，各地主要機場陸續進入「綜合航運中心年代」，當中以樟宜和史基浦等為表表者。新概念的機場超越「上落飛機處理器」的運作模式，效率不再是成功的唯一指標，機場被要求成為一個可供乘客享用的綜合消閒場所和吸引轉機旅客的航運中心。同時期，機場經營私有化的旋風由英國捲起，機場再非一個由政府部門直接管理的呆板公共設施，反而進化成一盤由私人或半官方機構經營的大生意，乘客已變為機場顧客。「啟德」年代一直保持着傳統的經營模式，機場直接由民航處運作，而礙於環境限制，「啟德」不能發展成一個多采多姿的消閒中心，阻礙了香港航空業的發展空間，新機場的啟用便為香港打破困局。

新機場由香港政府轄下的香港機場管理局營運，在新時代新環境裏，機場的運作集購物娛樂中心、會展中心和酒店服務於一身，並透過陸續設立多個海陸兩路運輸基建和配套系統，發展成為連接珠三角超過一百個地點的海陸空多式聯運樞紐，讓香港機場成為珠三角區內客貨轉運中心。國際速遞巨企敦豪國際（DHL Worldwide Express）亦選擇於香港機場設立其中亞區樞紐中心，成為該企業全球三大樞紐之一，將全區內的貨物都送到香港作統籌分發並轉送到其他地區的樞紐。

---

1 禁區內的候機大堂及購物中心。新機場大量使用特別設計的玻璃幕牆，除充分利用陽光，亦讓乘客在起程前更清楚地欣賞飛機和四周景色。（朱迅攝）

2 大量貨物囤積於機場貨運站，混亂長達一個多月。（朱迅攝）

3 新機場啟用不久便要陸續增設停機位以應付比預期更多的需求。（香港機管局）

4 由於太多好奇市民一窩蜂參觀，令新機場不勝負荷。（朱迅攝）

5 由於南跑道貼近貨運機坪，故貨機將像圖中的聯邦快遞 MD-11F 般於該跑道降落。（盧志超攝／香港航空攝影會提供）

6 香港回歸後仍間中有外國軍機訪港，圖為 2001 年美國海軍 P3 「奧里安」（Orion）空中偵察機於新機場補給的情形。（湯紹國攝／香港航空攝影會提供）

新機場亦提供空間予新投資者加入市場，改變香港空運業多個範疇過去由一間公司獨營或發展不全的情況。過去因地理限制和政治因素，新經營者並不容易擠進啟德，但回歸後，廣闊的新機場在貨運處理、飛機維修、航機膳食、酒店、地勤服務等多方面都能容納更多新公司加入。而較為突出的可說是商用航空中心的成立，為私人商務飛行發展提供了基本要素，昔日啟德在這方面的條件非常有限，令這個國際大都會失色，就如一九九七年九月香港舉辦國際財富論壇時，就出現過啟德因沒有足夠泊位而要求部分商賈的私人座駕飛往澳門或馬尼拉過夜停泊的情形。

由於中國經濟起飛及香港航空交通量比九十年代預計時發展得更快，新機場落成後不久已經要不停加建新客運大樓、停機坪和貨運設施，並且預計容量會提早飽和。二〇一一年，機管局發表以二〇三〇年為目標的擴建大計，計劃將會填海興建第三條跑道、新客運大樓、停機坪、貨運設施和地面運輸系統等等。

7 除原有的 Y 型客運大樓外，機場亦加建了二號客運大樓和北衛星客運廊。（香港機管局）

8 新機場的貨運機坪 24 小時運作。（國泰航空）

養兵千日，用在一時

自九十年代起，世界各地都相繼有新機場落成，其中部分城市的舊機場會隨即關閉，香港便是一例。由於「啟德」是全球舉足輕重的機場之一，再加上其獨有的知名度，故成為當時航空史上最大型的機場搬遷行動，同時亦令眾多國際傳媒前來採訪，再一次令香港成為矚目之地。

機場搬遷行動分五階段進行，前後總共三個多月。首、次階段於一九九八年五、六月進行，主要搬運部分地面器材進新機場。第三階段「主體搬運」於六月廿二日至七月五日下午五時半進行，將約八成的器材搬運及安裝，僅剩下足夠數量和必要的器材如梯車、消防車、貨物升降臺和維修零件等予「啟德」最後一天運作。

「重頭戲」則為第四階段由七月五日下午五時半至翌日清晨六時半的「夜間搬運」，五時三十分那一刻亦為整個行動最關鍵的「point of no return」時刻，當局動用了一千二百架次車輛、七十多艘躉船及其他船隻和三十架飛機，分海、陸、空三路把餘下所有新機場首日運作的必需器材搬遷。普通設備和用品、危險品和便於街上行駛的車輛由陸路往赤鱲角，重型器械和車輛就出水路前往，而在「啟德」停泊的飛機則自行飛往新機場。餘下的非緊急設備則於七、八月間的最後階段完成。

是次世紀搬遷在十多個政府部門和近七十個商業機構的協調下，經過數年的複雜計算和物流安排，事前更要進行多項計算和測試，如確保千奇百怪的機場車輛能通過市區的街道並長途駛至大嶼山，和保證有足夠的設備、零件和人力避免有飛機因故障而被迫滯留「啟德」而阻礙關閉大計。而由於連日有數以萬計市民到街上送別「啟德」，警方更要動員千多名警員到街上封路和控制人群，最後合各行各業四萬多人之力，成功讓新機場於七月六日早上六時啟用。期間只有個別車輛「拋錨」，並無意外發生。

（左）七月五日入夜後陸上搬運工作全速進行，分秒必爭。（朱迅攝）
（右）部分大型器材通宵經水路運離啟德。（朱迅攝）

29 民航新紀元

一九九七年香港回歸中國，標誌着一個在政經巨大變化下的新民航年代開始。除了本地航空公司之間的關係有所演變外，新機場的啟用及中港經濟進一步融合更提供空間予投資者創辦新航空公司。在新紀元裏，航空及物流業成為香港經濟轉型的重要支柱，隨着出現更多本地航空公司及香港進一步「開放天空」，香港的航空業開展了一個全新時代。在中國進一步與世界結合的發展下，昔日香港鶴立雞群的中轉優勢漸漸退卻，但仍能靠過去大半個世紀累積的經驗、網絡和信譽緊守位置。然而，在大中華經濟體系融合茁壯之際，在回歸首十年期間香港卻一度要面對接二連三的天災人禍，對航空業曾造成連串危機。

一九九七年，邁特捷出租飛機公司（Metrojet）和港聯直升機公司（HeliHongKong）正式投入運作，前者提供私人商務包機服務，而後者則以直昇機經營境內觀光飛行及工程吊運等包機服務，後再改組為空中快線直昇機公司（Sky Shuttle）專營來往港澳與珠三角各地的直昇機服務。

一九九八年，香港受亞洲金融風暴打擊，空運業大倒退，全年客量下跌百分之三、貨量下跌超過百分之八、而航班總數則減少百分之一。不過，在中國內地的高速經濟增長帶動下，中港兩地的航線則繼續成長。除「國航」、「東航」及「南航」等內地航空公司增加航班外，「港龍」亦擴充機隊以應付需求。香港與內地於二〇〇〇年訂立新的中港對等航空安排，兩地的航空公司更得以大幅增加往返兩地的定期航班，而兩岸三地間的航線仍為香港航空交通的中流砥柱，其中香港至台北航線長年成為全球最繁忙之國際航線。

二〇〇〇年起，「港龍」先後開辦往內地、日本、台灣、中東和歐洲的全貨運服務，以由客機改裝而成的波音 747-300F 機隊飛行，初嘗與「國泰」同台較量，甚至一度計劃發展澳洲等洲際客運航線。「國泰」除了繼續大力擴展機隊和航點，在經營方面，除加強與各大航空公司的聯號航班運作以擴展服務外，「國泰」繼較早前領導成立「亞洲萬里通」

（Asia Miles）飛行里數計劃後再成為「寰宇一家」（oneworld）航空聯盟的創立會員，再進一步確立區內民航業的領導地位。

二〇〇一年九月美國發生「九一一」恐怖襲擊事件，對香港航空業造成短暫衝擊，香港三間航空公司在政府協助下成為首批解決保險問題的航空機構。由於國際局勢不穩及乘客一度對飛機敬而遠之，故該年度香港的航空交通量略為下跌。

二〇〇二年中，港台新民航協議達成，「港龍」獲准開辦台北航線，標誌着港府實施多年的「一航線、一公司」客運政策開始結束。而「華民」則於同年成為「國泰」及「敦豪」的聯營公司，「國泰」與「華民」重組航線，後者轉為以新一代的空中巴士 A300-600GF 貨機專營亞洲區內貨運速遞航線。同年，中富航空（CR Airways）開辦香港至珠江三角洲地區的包機航線，另來自歐洲的商用飛機公司（Jet Aviation Business Jets）亦到香港成立遠東區分公司，以香港為基地提供商務包機服務。

1 「國泰」及「港龍」客機正分別在南北跑道升降。（湯紹國攝 / 香港航空攝影會提供）
2 直昇機服務公司的 AS350BA 型，攝於中環直昇機場。（謝天賜）
3 成為「國泰」及「DHL」聯營公司後，華民航空改為披上「DHL」黃色企業色彩。(K. H. Ng)
4 「國泰」擁有全球最大的貨機隊之一，更是首批使用最新 747-8F 的公司之一。(K. H. Ng)
5 邁特捷以霍克 700B 噴射機提供商務包機服務。（謝天賜）
6 飛機製造公司每逢有新機面世都會到港作示範及宣傳，圖為 2002 年首架空中巴士 A340-600 出廠後飛抵香港的情形。（伍耀基攝 / 香港航空攝影會提供）
7 2007 年合併後，「港航」及「快運」仍以兩個獨立品牌營運，但共同使用香港航空的企業形象。(K. H. Ng)

二〇〇三年一月，海峽兩岸短時間內促成春節直航包機歷史性首航，從此兩岸直航時代開始，但由於大中華區整體航空需求增長快速，事實上對香港的影響並未如想像中嚴重。同年三月，當第二次「海灣戰爭」爆發而引致航空需求下降同時，香港繼廣東省後爆發「非典型肺炎」疫症，由於香港是國際交通樞紐而病毒無聲無息地突襲，香港的航空網絡遂成為早期疫症擴散多地的途徑之一，世界衛生組織及美國疾病控制及預防中心更罕有地就疫症發出全球衛生警報，並建議各國人民避免到香港等地。疫潮期間香港航空業首當其衝，交通量驟跌近一半，乘客量只及以往同期的兩成，多間航空公司停飛香港。本港航空公司載運量更劇跌三分之二，「國泰」及「港龍」被迫大幅削減航班，甚至停航部分航線，大批航機停飛，成為香港航空業史上最黑暗的日子之一。但疫潮過後，航空交通便快速回復正常，並隨着區內經濟發展而逐年上升。

同期，以小型支線客機經營區域航線的新公司相繼成立，包括由「中富」演變成的香港航空（Hong Kong Airlines）以及由港聯航空演變成的香港快運航空（Hong Kong Express Airways）等等。二〇〇六年，「港龍」正式被「國泰」全面收購成為全資附屬公司，「國泰」並與內地的「國航」互相控股，正式揭開參與及經營內地航空業的新一頁；合併後國泰航空集團將「國泰」的全球航線與「港龍」的區域及內地航線重新整合，發揮更大協同效應，成為亞洲區最大的航企之一。

在廿一世紀首十年裏，新興的廉價航空模式在亞太區內逐漸發展蓬勃，其中以新加坡、馬來西亞和泰國等地尤其出色，早已發展出具規模的廉航，如亞洲航空（Air Asia）及捷星亞

洲航空（Jetstar Asia）等等。不過香港起步較慢，這批廉航最終花了一段時間才在香港市場落戶。以廉航為經營模式的本地新公司隨後一度出現，包括經營長途航線的香港甘泉航空（Oasis Hong Kong Airlines）。但這種經營模式當時並未如歐美及東南亞和內地般成功，再加上二〇〇八年的全球金融海嘯，「甘泉」清盤結業，於二〇〇七年合併成為香港航空的「港航」和「快運」，因成為中國海南航空集團旗下成員而有足夠支援捱過危機，慢慢發展成國泰航空集團以外另一間香港航企。

---

8 港龍航空的 747-300F 於超級一號貨站停機坪上。2001 年「港龍」成為全球首批採用 747-300 改裝貨機的航空公司之一。（港龍航空）

9 在物流業的帶動下，更多貨機投入香港航線。（崔家威攝 / 香港航空攝影會提供）攝 / 香港航空攝影會提供）

10 每次「和諧式」到港都會成為機場員工忙裏偷閒的焦點。（湯紹國 / 香港航空攝影會提供）

11 作為全球其中一個航空樞紐，A380 逐漸成為香港機場常客。(K. H. Ng)

12 飛行壽命只有一年多的「甘泉」早期曾以「世界首間長程廉航」為宣傳，機隊由四架二手 747-400 組成。(K. H. Ng)

13 「國泰」機隊停飛之景象先後於 2001 年工潮和 2003 年疫潮兩度在新機場出現。（湯紹國攝 / 香港航空攝影會提供）

14 「港龍」的 A330-300 機隊在新機場的曝光率大增。（盧志超攝 / 香港航空攝影會提供）

附錄：香港航空大事年表（1891-2013）

1891

一月三日，寶雲兄弟的熱氣球在快活谷馬場升空。

1892

十一月九日，赫爾曼德斯的熱氣球在西環升空失敗。

1894

謝纘泰研究「中國號」飛船，惟只完成設計圖，計劃從未成真。

1910

一月廿九日，威廉·寶雲重訪，其熱氣球「鉅子號」成功在尖沙咀升空。

六月二日，希博尼乘坐熱氣球在快活谷升空。

1911

一月，湯瑪士·寶雲申請在快活谷進行飛機試飛未成。

三月十八日，溫德邦駕駛的費文雙翼機在沙田成功起飛。

1912

十二月十四日，高文斯基在沙田試飛。

1915

八月七日及八日，譚根帶同自製的水上飛機在吐露港進行飛行表演。

（G.Stuart Leslie）

是年，香港商界及英僑籌款購買三架 B.E.2e 雙翼機予英國皇家飛行隊參與第一次世界大戰，三架戰機分別命名為「香港維多利亞一號」（No.1 Victoria, Hong Kong）、「香港維多利亞二號」（No.2 Victoria, Hong Kong）及華商何福捐贈的「大有銀行三號」（No.3 Tai Yau Bank）。（見左下圖）

1920

年初開始，澳門空運公司開辦港澳兩地的空運服務，六月初在淺水灣舉行航空推廣活動。該生意於次年結束。

七月九日，香港航空會創立，但該會並無任何實際飛行活動紀錄，六年後結束。

1921

二月十三日，林安駕駛飛機在快活谷義演時發生意外。

1924

五月卅一日，亞拔首次使用啟德濱空地試飛。

六月八日，美國陸軍環球飛行隊抵港。

六月三十日，麥克拉倫（Archibald MacLaren）率領的英國環球飛行隊自海防抵港，後再前往上海。

九月廿八日，自荷蘭阿姆斯特丹出發環球飛行的扎尼（Pedro L. Zanni）抵港，短暫停留後飛往福州。

十一月三日，航空母艦「飛馬號」及其艦隊抵港，次日艦上戰機在港首次執行巡邏和高空勘查等工作，為首次有軍機在港執勤。

1925

一月廿五日，亞拔飛行學校於啟德濱開業，同年八月結束。

十月十九日，來回飛行羅馬和東京的意大利飛行家皮內多（Francesco de Pinedo）回程時途經香港，後再飛往海防。

省港大罷工期間，航空母艦「赫米斯號」到港，艦上戰機在香港與內地邊界巡邏及監視罷工活動。

1926

是年，保羅克曼（Brockman）及赫爾丁

(Helting)於啟德成立第一荷蘭航空公司(First Dutch Air Company),利用一架雙翼機提供空中暢遊及飛機宣傳服務,但公司只維持了數月。

1927

三月十九日,皇家空軍啟德基地正式成立。

(民航處)

九月九日,自美國出發環球飛行的「底特律之光號」(Pride of Detroit)抵港。(見上圖)

1928

十一月十八日,英國皇家空軍遠東飛行隊抵港,一行人執行英國至澳洲航線飛行試驗任務。

1929

二月,船政署設立航空處處長一職負責航空事務。

十二月二十日,香港航空會成立。

1930

一月一日,英國皇家空軍遠東區司令部在新加坡成立,啟德基地歸入其管轄範圍。

三月十日,香港飛行會的一架愛弗羅「愛弗安型」雙翼機成為首架在港註冊的飛機,編號為VR-HAA。

三月十九日,富商溫布萊克(Van Lear Black)的倫敦至東京飛行隊抵港,次日前往上海。

六月,香港義勇軍成立航空部隊。

十一月九日,進行環球飛行的英國女飛行家布魯斯太太(Mrs Victor Bruce)抵港。

1931

十月五日,自英國出發進行空中蜜月飛行的美國丁氏夫婦(C. H. Day)抵港後再往廈門。另外法國飛行家門希(Moench)及比蒂(Burtin)亦於是年自法國抵港。

1932

是年,多名飛行家作長途飛行期間到港停留,包括西班牙飛行家洛林(Fernando Reiny Loring)、洛(Arthur Lowe)及格羅瑙(Wolfgang von Gronau)等。

1933

十一月七日,遠東航空學校成立。

是年,啟德機場空軍機庫及行政大樓落成,空軍基地遷往「啟德」東部。

(民航處)

同年,多名飛行家訪港,包括再次來臨的洛林。(見上圖)

1934

年底,「啟德」民用機庫及辦公大樓落成啟用。

1936

三月廿四日,帝國航空香港至檳城定期航班首航,香港正式進入民航紀元。

十一月六日,中國航空定期航班首航,香港與內地民航服務正式開始。

1937

四月廿八日,泛美航空定期航班首航,港美空運正式開始。

六月廿九日，歐亞航空港穗線首航。

八月八日，「中航」一架 S-43「浙江號」水上飛機自「啟德」起飛往上海途中，因風雨關係急降於大亞灣麒麟角海面，降落後航機被巨浪擊打傾覆，多人受傷及三人失蹤。

九月二日，香港受猛烈颱風吹襲，啟德機場設施受嚴重破壞，需關閉數日清理和維修。

1938

八月十日，法國航空首航香港。

八月廿四日，「桂林號事件」發生。

九月五日，一架自港飛往柳州的 Ju-52「歐亞十五號」客機在兩廣邊界上空被日機射擊，機身多處中彈但最後安全降落。

是年，港府動工興建石崗機場，次年停工。

1939

二月廿一日，日機「誤炸」羅湖，造成十二死十八傷，日方最後賠償二萬元予香港。

五月二日，載着納粹政經訪問團由柏林往東京商討商貿協議的一架德國「漢莎」Ju-52 專機抵港，後轉飛臺灣。

十一月八日，「帝航」一架 DH-86「達丹拿斯號」自港往河內途中在東京灣潿洲島上空被日機追擊，機身多處中彈，航機迫降後一度被日軍扣押，無人受傷。

1940

三月，港府開始大量招募防空隊員。

（香港歷史飛機協會）

九月五日，大日本空輸的一架三菱 MC-21 民航機於粉嶺軍地馬場附近墜毀，三人受傷。（見上圖）

九月廿七日，皇家空軍一架「大羚羊」戰機於香港與內地邊境上空巡邏時被駐守深圳的日軍射擊，英方保持緘默。

1941

九月廿一日，「中航」一架 DC-2 降落「啟德」時衝出機場外的西貢道並撞毀一幢民房，機身嚴重損壞但無人死亡。

十二月五日，啟德空軍基地進入一級戒備狀態。

十二月八日，日軍轟炸「啟德」，四日後佔領「啟德」。

十二月二十五日香港淪陷。

1942

年中，日軍開始擴建啟德工程，次年大致完成。

十月廿五日及廿六日，美軍首次轟炸香港，成功炸毀日軍設施及擊落日機。

1943

一月九日，宋王臺遷拆祭典舉行，以配合啟德機場擴展工程。

七月廿八日及廿九日，美軍前後共派出六架 B-25、十八架 B-24 及大批 P-40 和 P-38 戰機襲擊港九多處港口設施。

九月二日，盟軍十架 B-25 在五架 P-40 護航下再度大規模轟炸香港。

十一月十五日，十五架美軍 B-24 前往轟炸香港途中遇上惡劣天氣，機隊放棄行動但其中五架成功飛抵九龍進行轟炸。

1944

一月廿三日，九架美軍 B-25 在廿八架 P-40 護航下大舉襲擊啟德機場。

二月十一日，盟軍派出六架 B-25 及二十架 P-40 轟炸「啟德」，其間美日戰機爆發空戰，最少七架日機和一架美機被擊落。

五月廿日，十三架美軍 B-24 轟炸機襲擊香港附近海域的一艘日本船艦，其中三架被擊中墜海，五名機員被東江縱隊救起並送返大陸後方。

十月十六日，盟軍出動廿八架 B-24 在廿一架 P-40 及廿九架 P-51 的護航下，高空轟炸黃埔船塢，其間誤炸紅磡區的防空洞、學校及大批民房，其中被炸的防空洞內存有大批煤油，大火共燃燒數天，被誤炸的小學則報稱有二百多名師生死亡，區內三分二房屋被毀，數百居民罹難。盟軍於是次行動投彈總數達七十四噸。另八架 B-25 和八架 P-40 則在「維港」上空低空轟炸，成功擊毀及炸沉日軍十艘船艦。日軍報稱擊落多架盟軍軍機，一批盟軍機師被活捉。

1945

一月十五日及十六日，盟軍約五百二十多架戰機及轟炸機自兩艘美軍第三十八特遣艦隊航空母艦及大陸基地出發，大規模轟炸香港、廣東及海南，日軍在港損失卅一架戰機和三艘船艦；美軍則損失慘重，卅架海軍 F6F 戰機在港上空被擊落，另卅一架則因惡劣天氣而發生意外墜毀。艦隊最後因強烈季候風吹襲而撤回菲律賓。行動中美軍誤炸中西區及赤柱集中營，十四名戰俘死亡。另美軍亦於十六日誤炸中立的葡屬澳門。

一月廿一日，美軍第三〇八轟炸機大隊及第十四空軍派出卅架 B-24 及卅架 P-40 和 P-51 於高空進行大型地毯式空襲，原目標為金鐘海軍船塢和軍營，但投彈出現誤差，最後大批炸彈直墜灣仔市中心：軒尼斯道、駱克道、謝斐道、克街、莊士敦道、灣仔道及修頓球場一帶五百多所民房被炸毀，當時估計有約一千人死、三千人傷。另中區亦遭波及。

三月廿九日，近一百架美軍戰鬥轟炸機大舉突襲香港及鄰近地區，破壞多地的機場、運輸和軍事設施。一星期後，四十一架 B-24 襲擊「維港」兩岸的船塢、發電廠和油庫。

六月十二日及十三日，盟軍 B-24 機隊以燃燒彈襲港，投下五十五加侖實驗性膠化氣油，引起中區大火。

八月十五日，日軍無條件投降。廿九日，英國皇家海軍航空隊一架「復仇者」戰機在數架「地獄貓」戰機的護航下飛抵香港，成為首架重返「啟德」的英國軍機。

九月一日，英國皇家海軍陸戰隊第三旅（Third Royal Marine Commando）接管「啟德」，四日後皇家空軍正式重返「啟德」。皇家海軍航空隊亦於同月返回「啟德」。

九月，「中航」重開經桂林往重慶之航線，香港民航業回復正常運作。

1946

二月，英國政府開展興建香港新機場研究。

五月一日，民航處成立。

五月，澳華出入口公司自滬遷港經營，九月廿四日正式註冊為國泰航空。

（香港歷史博物館藏品）

七月十八日，颱風襲港，吹毀「啟德」多樣設施及飛機，造成嚴重損失。（見上圖）

九月廿五日，一架準備前往西貢的英國皇家空軍 C-47 運輸機在惡劣天氣下，由 31 跑道往獅子山方向起飛後於九龍塘墜毀，十九人死亡。

十一月十五日，遠東航校重開。

1947

一月廿五日，菲航一架 DC-3 在惡劣天氣中於柏架山撞毀，四人死亡。由於機上載有五十箱總值一千五百萬的黃金，軍警封鎖現場搜索，唯餘下值百多萬之金條仍下落不明，解封後引起市民連月的登山「尋金熱」。

三月四日，香港航空公司成立。

七月廿三日，中英達成民航協議，雙方可派出航空公司來往香港及昆明、廣州、上海和天津。

十月三日，渣甸航空保養公司（Jardine Aircraft Maintenance Co. Ltd.，簡稱 JAMCO）成立。

五月，「太古」入主「國泰」成為大股東，並於十一月四日成立太平飛機修理補給公司（Pacific Air Maintenance & Supply Co. Ltd.，簡稱 PAMAS）。

七月初，澳門航空公司成立。七月十六日發生「澳門小姐號」劫機事件。

十二月廿一日，「中航」一架 DC-4 從上海抵港，在大霧中於西貢對出的火石洲附近墜毀，三十三人遇難，包括上海紡織鉅子榮伊仁及前美國總統老羅斯福之孫——「中航」副董事長羅斯福寬騰（Quentin Roosevelt），事後火石洲豎立了兩塊紀念碑以悼念二人，屹立至今。

是年，「中航」及「央航」把總部遷移香港。另遠東航校設立附屬之香港飛行會，數年後結束。

1949

（《香港年鑑》）

二月廿四日，「國泰」一架由馬尼拉抵港的 DC-3於北角寶馬山撞毀，廿三人死。（見上圖）

四月廿日，「亞美菲斯號」事件發生。

五月一日，香港輔助空軍成立。

五月十三日，「國泰」及「港航」訂立「南北分界」經營協議；十一月卅日，「怡和」入主「港航」。

（《香港年鑑》）

七月十一日，「港航」一架前往廣州的 DC-3 在「啟德」起飛時因機件故障墜海，無人死亡。（見左下圖）

十一月九日，「兩航事件」發生。

年末，港府初定於屏山興建新機場，計劃於次年遭否決。另皇家陸軍航空隊進駐香港。

1950

四月二日，七架停泊在「啟德」的「兩航」飛機被人放置計時炸彈炸毀。

十月，啟德 13/31 跑道延長至橫越清水灣道。

十一月一日，PAMAS 和 JAMCO 合併為香港飛機工程公司。

是年韓戰爆發，當局復建石崗軍用機場，駐港的皇家空軍第八十八中隊機隊被抽調到沖繩服役。

1951

三月十一日，太平洋海外航空（Pacific Overseas Airlines）的一架 DC-4 自「啟德」起飛後不久於畢拿山附近撞毀，廿六人死，事件因能見度低及機師出錯而起。

四月九日，暹羅航空（Siamese Airways）的 DC-3 因人為失誤於鶴咀墜海，十六人死。

六月十四日，港府完成研究擴展「啟德」的「布德本報告」（Broadbent Report）。

1953

七月廿七日，皇家空軍一架「赫士廷斯式」（Hastings）運輸機自新加坡抵港降落「啟德」13 跑道時過早着地，飛機撞倒跑道頭的蒲崗民房，一個村民當場被撞死，飛機剷進跑道後

着火，全機四十人生還。（見上頁右下圖）

1954

（《香港年鑑》）

七月廿三日，「國泰」一架 DC-4 在曼谷返港途中於海南附近被中共戰機擊落，十死八傷。生還者由美軍救返「啟德」。（見上圖）

1955

四月十一日，一架由北京經香港飛往印尼萬隆的印度航空洛歇「星座型」客機「克什米爾公主號」（Kashmir Princess）在印尼水域墜毀，十六死六人傷。該航機屬前往參加萬隆會議之中共人員和新聞工作者的專用包機，香港警方證實意外為航機在「啟德」停留期間被一名事後潛逃臺灣的飛機維修人員周梓銘放置計時炸彈造成，事件懷疑為企圖暗殺原定乘坐該機的周恩來而起。

1956

十月十一日，「九龍暴動」期間皇家空軍人員開往協助處理牛頭角區的騷亂，其間共五班航機取消來港。

1957

九月廿二日，颱風「歌羅利亞」襲港，吹毀「啟德」九架飛機。

1958

八月卅一日，美國空軍一架自沖繩抵港的 C-54 軍機降落舊 31 跑道時撞毀於與 07/25 跑道的交匯處，無人傷亡。因殘骸阻礙飛機升降，當局需提早啟用原定於次日開放的新 13/31 跑道。

（民航處）

九月十二日，新 13/31 跑道正式開幕，港督乘直昇機剪綵（見上圖）。同日，英國海外航空的「彗星」5 型抵港，成為首架來港的噴射客機。

是年，因新跑道啟用，遠東航校遷往宋王臺道新校舍。

1959

七月，「國泰」全面接管「港航」。

七月十七日，「啟德」跑道照明系統完成，夜間升降正式開始。

1960

是年，「泛美」率先使用波音 707 來港，「英國海外」、「漢莎」、澳洲航空、印度航空及「法航」緊隨其後。

1961

四月十九日，美國空軍一架飛往臺南的 C-47 往鯉魚門方向起飛後於柏架山撞毀，十五人死亡，全機僅一人生還，意外因濃霧及機件故障引起。

1962

九月一日，颱風溫黛襲港，對遠東航校機庫造成嚴重破壞，另三架訓練機和大量器材被吹毀。

十一月十二日，新客運大樓第一期啟用。

1964

七月二日，香港飛行會成立。

十一月，香港航空會成立。

1965

（《香港年鑑》）

八月廿四日，美軍一架載了六十多名前往越南士兵的 C-130 運輸機起飛後於油塘墜海，五十九人死亡。（見上圖）

1967

五月，「動亂」期間，皇家空軍從新加坡及古晉急調第六十三飛行中隊和一〇三中隊的直昇機到港，以協助軍警調動。啟德機場客運大樓等地被放置炸彈，發生小型爆炸。

六月卅日，「泰航」一架「快帆式」（Caravelle）噴射客機於颱風中降落「啟德」時滑出跑道墜海，十四死五十六傷，事件因天氣及人為錯誤而起。

八月四日，英軍出動三架直昇機運送軍警到北角參與鎮壓「動亂」。

（國泰航空）

十一月五日，「國泰」一架康維爾 CV-880 噴射機起飛失敗衝出跑道墜海，一死四十傷。（見上圖）

1968

二月，因越戰關係，港越民航服務暫停。

二月十六日，臺灣民航空運的一架波音 727 自港飛往臺北途中在臺北附近墜毀，廿一人死亡。

八月卅一日，飛龍直昇機公司唯一一架貝爾 47G-5 直昇機為電視廣播公司進行工程時，於金山因遇上強風而撞毀，一死四傷，該公司隨後結束。

1969

是年，為應付即將來港的新式廣體客機，「啟德」先後動工興建客運登機橋及全新的大型維修庫。

1970

年初，「啟德」13/31 跑道擴闊工程完成，登機橋及自動行李分發系統相繼啟用。

四月十一日，「泛美」的波音 747-100 首次到港，香港正式邁進廣體客機年代。

七月，香港國際航空提供的本地直昇機服務正式開始。

1971

三月卅日，「菲航」國內一架 BAC -111 短程客機遭騎劫往廣州，中途在港加油並釋放二十名人質。

四月七日，香港航空青年團成立。

1972

一月八日，錢耀宗及錢耀昌兄弟駕駛一架「小獵犬」單引擎飛機，經三十天旅程自英國飛抵香港，該飛機後來捐給香港飛行總會作紀念和教學之用。

六月十五日，「國泰」一架由曼谷返港的康維爾 CV-880 在越南上空爆炸，八十人死亡。經調查後，事件懷疑因機艙被放置爆炸品引起，一名在意外中喪失妻女的泰籍男子被捕。泰國警方懷疑他引爆客機以騙取巨額保險金，但最後獲判無罪。

十一月，東方之珠航空公司成立。

1973

十月十一日，「菲航」另一架國內 BAC-111 客機遭騎劫後抵港，事件最後和平解決。

1974

四月二十二日，一架由香港飛赴印尼峇里的「泛美」波音 707 客機因導航儀器出錯在峇里撞山，機上一〇七人無人生還。

六月一日，啟德機場跑道延長部分、全新儀器導進系統和經改良的目視進場系統啟用。

1976

五月，香港空運貨站啟用。

十一月五日，「法航」「和諧式」（Concorde）超音速客機首次到港。

1977

九月二日，一架前往曼谷的英國環子午線航空 CL-44 貨機於「啟德」起飛後不久引擎着火，在橫瀾島對開海面墜毀，機上四名機員無一生還。

1978

三月九日，一架由高雄來港的華航波音 737 被騎劫，劫機者打傷機組人員後被機上保安人員擊斃，航機最後安全降落「啟德」。

三月卅一日，皇家空軍完全撤離「啟德」，全面使用石崗機場。

十二月起，中國民航先後開辦往上海、廣州、杭州及北京的定期航線。

1979

三月，港府正式進行赤鱲角新機場研究計劃。

十一月，中英簽訂雙邊航空服務協議。

是年，直昇機服務公司成立。

1980

年中，「國泰」開辦上海航線，香港航機三十年來首次正式重返大陸。另「國泰」及英國金獅航空獲准開辦香港至倫敦定期航線。

1981

六月中，「國泰」千多名地勤人員因薪津問題舉行歷時三日的罷工，其間本港的客貨空運大受影響。

十一月廿七日，香港飛行總會成立。

1983

年初，因香港前途未明及經濟問題，港府宣佈擱置興建赤鱲角新機場。

四月，遠東航校併入香港飛行總會。

（香港歷史飛機協會）

十月十八日，「德航」一架正準備起飛的 747-200F 貨機在「啟德」13 跑道滑行中途急停後衝出跑道草坪，升降架斷裂並撞毀引擎，幸三名機員無恙，航機於「港機工程」重修後成功復飛。（見上圖）

1984

三月廿二日，港人劉偉強企圖騎劫英航一架由香港往北京的波音 747-200 客機往臺北，事件最終在香港和平結束。

十二月十九日，中英簽訂《聯合聲明》，訂明在港註冊並以香港為基地的航空業機構可於回歸後繼續經營。

1985

（港龍航空）

五月，港龍航空公司成立。（見上頁右下圖）
十一月，港府宣佈客運航線實行「一航線，一公司」政策。

1986

五月三日，「華航」一架 747-200 貨機在曼谷來港途中被機長王錫爵騎劫往廣州，經「華航」及中國民航雙方代表在香港談判後，航機、人員和貨物於二十三日在「啟德」交收，成為兩岸自一九四九年後首次直接談判和達成協議。
五月，國泰航空於香港聯合交易所上市，本地資金開始加入這間傳統英資公司。次年，中資機構中信泰富入股「國泰」。
九月十七日，按《中英聯合聲明》的協議，香港首次與荷蘭簽訂雙邊民航空運協議。
十一月，香港華民航空公司成立。

1987

五月一日，民航（飛機噪音）條例第一期生效，次年第二期生效。該條例禁止香港及境外註冊而不合乎國際噪音標準的亞音速飛機在港升降。
五月，泛澳航空成立，次年結束營業。

1988

四月，港府再次研究於赤鱲角興建新機場的可行性。

（民航處）

八月卅一日，中國民航一架 DH-121「三叉戟」（Trident）客機降落啟德時遇風切變墜海，七死十四傷。（見上圖）

1989

十月十一日，港府宣佈港口及新機場計劃，決定於赤鱲角興建新機場。次年四月臨時機場管理局成立，負責監察新機場建造事宜。

1990

四月四日，《基本法》頒佈，訂明回歸後香港保持國際航空中心地位，並繼續參與和履行國際民航組織中的程序和責任。
十一月，亞太航空公司（East Asia Airlines）於澳門成立，重開港澳的航空服務，信德直昇機場亦同時投入運作。
是年，「太古」、「國泰」及「中信」入主港龍航空，「港龍」開始經營上海和北京的定期航班。

1991

五月廿七日，維也納航空公司（Lauda Air）一架波音 767-300 自香港經曼谷往維也納途中因引擎故障在泰國墜毀，全機二百二十三人遇難，包括四十一名港人。
九月，中英簽訂《關於香港新機場建設及有關問題的諒解備忘錄》，正式落實新機場計劃。
十一月十五日，空運貨站二號大樓啟用，「啟德」貨物處理能力增加一倍，達每年一百四十萬噸。

1992

十一月，啟德東停機坪擴建完成。

1993

一月，大批「國泰」空務人員因薪津問題罷工，事件僵持一個月，「國泰」航班服務大受阻礙，需要租用大量包機維持運作。
四月一日，香港皇家輔助空軍解散，改組為政府飛行服務隊。

十一月四日，「華航」一架自臺北抵港的波音 747-400 在惡劣天氣下降落「啟德」時滑出跑道墜海，二十三人受傷。意外因強烈側風及人為出錯而起。（見上頁右下圖）
十二月卅一日，皇家陸軍航空隊解散。
是年，啟德南停機坪擴建工程完成。

1994

三月廿三日，俄羅斯航空公司（Aeroflot）一架空中巴士 A310-300 客機自莫斯科來港途中在西伯利亞墜毀，七十五人死亡。意外懷疑因機組人員讓小童進入駕駛室期間發生人為錯誤而起。
九月廿三日，港府租用作遣返越南船民的一架印尼 Pelita Air Service 洛歇 L-100-30「大力士」運輸機完成任務後回港，再起飛返回耶加達時於九龍灣墜海，六死六傷。事件因機件故障而起。

1995

三月，「中航（香港）」向港府申請空運營業牌照。
十月廿四日，港台簽訂新民航協議，確立「九七」後港臺航空安排，其後「港龍」及「長榮」加入兩地航空服務。
十二月一日，臨時機場管理局正式改成香港機場管理局，負責新機場營運及管理，結束過去由民航處直接管理機場的安排。民航處只在新機場擔任空中交通管制及向營運機構發牌等工作。

1996

一月廿八日，中國人民解放軍駐港空軍部隊組建完成。
四月，「中航」入主港龍航空。

1997

五月，「國泰」及「港龍」旗下的十五架空中巴士 A330-300 因勞斯萊斯「特倫特」（Rolls-Royce Trent）引擎出現問題而停飛十四天。
六月三日，英國皇家空軍撤離香港，最後人員於七月一日凌晨離港。
七月一日，中國人民解放軍駐港部隊航空兵進駐香港。香港民用航空器國籍註冊編號由一直沿用的英屬香港「VR-Hxx」改為中國香港的「B-xxx」。
是年，港聯直升機公司及邁特捷出租飛機公司正式運作。

1998

七月五日，「啟德」最後一日運作，翌日凌晨一時許正式關閉。
七月六日，新香港國際機場全面投入運作，隨即發生為時個多月的混亂，啟德二號貨站重開。

1999

五至六月，國泰航空機師因薪酬問題罷工，大批航班受阻。
五月廿六日，新機場北跑道正式投入服務。
八月廿二日，華信航空的一架 MD-11 客機在三號風球下降落新機場時翻側着火，三百一十五人中有三死五十傷。意外因強烈側風及人為出錯而起。

2000

一月一日，香港機場及各個航空機構都與全球絕大部分地區一樣，安然渡過曾令世人緊張的「千年蟲問題」（Y2K）。
一月廿日，新機場西北客運廊啟用。
二月，香港與內地簽署新航空運輸安排，雙方可開辦對等的定期航班來往兩地。

2001

（國泰航空）

三至四月，由米拿（Mike Miller）、迪艾奇（James D'Arcy）和格咸（Mark Graham）所組成的香港代表隊，於慶祝澳洲立國一百週年的倫敦至悉尼航空大賽速度組中奪得冠軍。（見上頁右下圖）

七月初，大批「國泰」機師因薪津問題發起工潮，事件擾攘三個月。

七月六日，受颱風「尤特」影響，共有超過五百班航機延誤或取消，機場全部泊位用罄，數以萬計乘客滯留機場而引起大混亂。

九月十一日及十二日，受美國「九一一」襲擊事件影響，所有來往香港及美加兩國的航班全面停航達四十多個小時，共有四十多班客貨機取消、七千四百多名乘客及五百三十噸貨物受影響，另兩班在赴美途中的香港航機需轉飛溫哥華滯留。

2002

二月，「國泰」全面收購「華民」。

五月廿五日，「華航」一架 747-200 客機自臺北來港途中在澎湖外海墜毀，全機二百廿五人死亡。

六月卅日，港臺民航協議談判完結，港龍航空獲准開辦臺北航線，標誌着客運方面的「一航線、一公司」時代的結束。

十月，「華民」轉為「國泰」及「敦豪」的聯營公司，專營亞洲區內航線。

是年，中富航空及香港商用飛機公司成立。

2003

一月廿六日，海峽兩岸春節直航包機首航，途中於香港停留。

三月起，受非典型肺炎肆虐的影響，香港航空交通量驟降，航機及旅客出入境時，均需特別衛生防疫程序。香港航空交通量一度驟降近八成。

六月，中富航空獲發牌經營客運航線，該公司以 CRJ-200 支線噴射機經營短程低客量航線。

八月二十六日，政府飛行服務隊一架直升機於大嶼山撞毀，兩名機員殉職。

2004

六月，位於機場內的 DHL 中亞區樞紐中心擴建部分啟用。

八月，《內地與香港關於建立更緊密經貿關係的安排》第二階段涵蓋的範疇增設機場服務項目。

2005

四月，機管局入股杭州蕭山機場。

年底，海南航空入股中富航空，翌年易名「香港航空」。

2006

六月，「國泰」收購「港龍」為全資附屬公司，並與「國航」互控。

八月，機管局與珠海市國有資產監督管理委員會成立珠港機場管理有限公司，以共同管理珠海機場。

十月，甘泉航空啟航，一年多後清盤結業。

十一月十八日，A380 首航香港進行技術驗證飛行。

2007

二月，機場二號客運大樓啟用。

2008

一月，機場貨運區新增十個貨運停機位啟用。

十月，港深兩個機場推出「港深機場中轉服務」，讓旅客可在兩個機場，預辦另一機場的中轉航班登機手續和領取登機證。

2009

十月，機管局與上海機場集團簽署合作協議，共同成立上海滬港機場管理有限公司。

是年，中國飛機服務公司的飛機維修庫落成啟用。

2010

一月，機場海天客運碼頭及北衛星客運廊先後啟用。

2011

十二月，機管局公布《香港國際機場 2030 規劃大綱》公眾諮詢結果，期後政府接納「三跑道方案」。

2012

是年，營辦商用包機的尊爵公務機（Asia Jet）成立。

2013

年初，國泰航空貨運站投入運作。

後記：我們的集體回憶——送別「啟德」

（啟德）和背靠着的獅子山下都經歷過香港不同階段的演進。
它承載着好幾代人悲歡離合的回憶，見證了香港的盛衰變化。

—— 一九九八年七月六日啟德關閉當日《明報》社評

歷史上，細小的香港出現過多次萬人空巷的情況，有落荒逃難、有街頭輪水、有上街示威、有倒數「九七」、更有告別機場。狹小的「啟德」擔當着歷史的一個大舞台，上演了一齣七十多年的香港連續劇，見證過滄海桑田的神奇、人性貪婪的殺戮、意識形態的紛爭和富足繁華的喜悅。

你我可能出生於不同年代，但無論來自太平山上或獅子山下，總會在「啟德」留過很多個人和集體的回憶。也許那天令「啟德」變成火海的隆隆巨響仍在你腦海中盪漾、也許你在「啟德」為小康之家打拼了數十年、也許那晚你因女兒要到「啟德」等候黎明而發生齟齬，然後憶起卅年前自己在機場露天平臺激動叫喊陳寶珠的場面、也許那個週末失業的你忽起興致帶小朋友到九龍城與人群一起拍下所有飛過的飛機，一面數算以前自己每月都從這個機場出外公幹的威水史，一面埋怨還是當掉了的古董相機質素最好。

一九九八年七月，我們不約而同地走到九龍城街頭，送別這個盛載了我們好幾代人回憶的舞臺。從沒刻意營造，但「啟德」的離別卻成為香港人在風雨年頭裏的共同語言。面對着實而不華的「啟德」，彼此的眼神流露出久違了的共識，訴說着種種回味與自豪。

1 Cliff Wallace 攝
2 譚德華攝
3,4,5,6,7 朱迅攝

參考書目

- *China Mail*, 1891, 1937.
- *China Mail*, 76th Anniversary Number, March 1921.
- *South China Morning Post*, 1915, 1925-1941.
- *Hongkong Daily Press*, 1928.
- *Hongkong Telepgraph*, 1891.
- *Hong Kong Standard*, 1967.
- *The Hongkong News*, 1942-1945.
- *New York Times*, 1941.
- Extracts from *Administartion Report* for 1938, 1939 & 1940,
- W. Feldwick, *Present Day Impressions of the Far East and Progressive Chinese at Home and Abroad: The History, People, Commerce, Industries and Resources of China, Hongkong, Indo-China, Malaya and Netherland India,* London: The Globe Encyclopedia Co., 1917.
- Tse Tsan-tai, *The Chinese Republic: Secret History of the Revolution*, Hong Kong: South China Morning Post, 1924.
- Vincent H. G. Jarrett, *Old Hong Kong*, Hong Kong: South China Morning Post, 1933-1935.
- *Business Directory of Hong Kong, Canton & Macau*, Hong Kong: Far Eastern Corporation, 1938-1939.
- *Hong Kong Industrial & Commercial Index*, Hong Kong: Hong Kong Trader, 1960-1961.
- *Project Report on the Development of Kai Tak Airport*, Hong Kong Government, 1953.
- *Historical And Statistical Abstract of the Colony of Hong Kong*, Hong Kong Government, 1841-1930.
- *Hong Kong Annual Report*, Hong Kong Government, 1938.
- *Annual Departmental Report*, Hong Kong Civil Aviation Department, 1946-1978.
- *Report on Civil Aviation Hong Kong*, Hong Kong Civil Aviation Department, 1979-1997.
- *Civil Aviation Department Annual Report*, Hong Kong Civil Aviation Department, 1997-2000.
- Hong Kong Government Information Services, *Hong Kong Airport*, Hong Kong: Government Information Services, 1962.
- Charles Eather, *Syd's Privates: A Story of an Airline*, Sydney: Durnmount, 1983.
- Charles Eather, *Airport of the Nine Dragons - Kai Tak, Kowloon*, Surfers Paradise: ChingChic Publishers, 1996.
- Peter Pigott, *Kai Tak: A History of Aviation in Hong Kong*, Hong Kong: Government Information Services, 1990.
- Cliff Dunnaway, ed., *Wings Over Hong Kong: An Aviation History 1891-1998*, Hong Kong: Odyssey Book, 1998.
- The Hong Kong Historical Aircraft Association, ed., *Wings Over Hong Kong: The First 100 Years of Aviation*, Hong Kong: The Hong Kong Historical Aircraft Association, 1995.
- The Hong Kong Historical Aircraft Association, ed., *The Flight of the Farman: The First Powered Flight in Hong Kong*, Hong Kong: The Hong Kong Historical Aircraft Association, 1997.
- *The Cathay Pacific Story*, Hong Kong: Cathay Pacific, 1960s.
- Gavin Young, *Beyond Lion Rock: The Story of Cathay Pacific Airways*, London: Hutchinson Ltd., 1988.
- Martin Willing, *From Betsy to Boeing: The Aircraft of Cathay Pacific Airways 1946-1988*, Hong Kong: Arden Publishing Co. Ltd., 1988.
- William Leary, *The Dragon's Wings: The*

China National Aviation Corporation and the Development of Commercial Aviation in China, Athens: University of Georgia Press, 1976.

- R. E. G. Davies, *Airlines of Asia since 1920*, London: Putnam, 1997.
- G. L. D. Alderson, *History of Royal Air Force Kai Tak*, Hong Kong: Royal Air Force Kai Tak, 1972.
- J. N. Hereford, ed., *Gau Lung: Royal Air Force Kai Tak 50th Anniversary Souvenir Booklet*, Hong Kong: RAF Kai Tak, 1977.
- *Civil Aviation in Hong Kong*, Hong Kong: Hong Kong Civil Aviation Department, 1979.
- Christopher Shores, Brian Cull & Yasuho Izawa, *Bloody Shambles Vol.1: The Drift to War to the Fall of Singapore*, London: Grub Stree, 1992.
- Col. Robert L. Scott, *God is My Co-pilot*, New York: Ballantine Books, 1970.
- Eric Hammel, *Air War Pacific Chronolgy: America's Air War against Japan in East Asia and the Pacific, 1941-1945*, Pacifica: Pacific Press, 1998.
- David Smurthwaite, *The Pacific War Atlas, 1941-1945*, New York: Facts On Fire, Inc., 1995.
- Carl Molesworth, *Sharks Over China: The 23rd Fighter Group in World War II*, Washington: Brassey's Inc., 1994.
- John Luff, *The Hidden Years*, Hong Kong: South China Morning Post, 1967.
- Owen Thetford, *British Naval Aircraft since 1912*, London: Putnam Aeronautical Books, 1991.
- Owen Thetford, *Aircraft of the Royal Air Force since 1918*, London: Putnam Aeronautical Books, 1988.
- R. J. Francillon, *Japanese Aircraft of the Pacific War*, London: Putnam Books, 1970.
- William Green & Gordon Swanborough, *Flying Colours*, London: Salamander Books, 1997.
- Valerie Ann Penlington, *Winged Dragon: The History of the Royal Hong Kong Auxiliary Air Force*, Hong Kong: Odyssey, 1996.
- P.J. Melson, ed., *White Ensign - Red Dragon: The History of the Royal Navy in Hong Kong, 1841-1997*, Hong Kong: Edinburgh Financial Publishing, 1997.
- David Oliver, *Wings Over Water: A Chronicle of the Flying Boats & Amphibians of the Twentieth Century*, London: The Apple Press, 1999.
- T. N. Chiu, *The Port of Hong Kong: A Survey of Its Development*, Hong Kong: Hong Kong University Press,1973.
- Marshall Berdan, "The Field of Dreams", *South China Morning Post*, June 20-22, 1998.
- Barry Grindord, "China's Aviation Pioneer Spreads Its Wings", *Oriental Aviation*, Vol. 9, No. 5, March 2002, pp.37-39.
- Barry Gindrod, "The Dragon Roars", *Oriental Aviation*, Jul/Aug 2002, pp. 20-24.
- Nicholas Ionides, "Dragonair Grows Up", *Airline Business*, Nov 2000, pp. 37-40.
- David Mondey & Michael Taylor, *Guinness Book of Aircraft: Records and Facts and Feats*, Enfield: Guinness, 1988.
- Hal Empson, *Mapping Hong Kong: A Historical Atlas*, Hong Kong: Government Information Services, 1992.
- Tong Banham, *Not the Slightest Chance: The Defence of Hong Kong,1941*, Hong Kong: Hong Kong University Press, 2003.

- Andro Linklater, *The Code of Love: A True Story*, London: Weidenfeld & Nicolson, 2000.
- G.A. Leiper, *A Yen for My Thoughts*, Hong Kong: South China Morning Post, 1982.
- 中國生產促進會香港分會編，《香港經濟年鑑1949》，1949年。
- 華僑日報編，《香港年鑑》，1948-1994年。
- 香港大公報社編，《香港經濟年鑑》，1955-1960年。
- 東方洋行編，《香港商業指南》，1950-1951年。
- 香港華商總會編，《香港商業年鑑》，1951年。
- 陸貴福編，《省港澳商業行名錄》，1950-1952年。
- 陸貴福編，《港澳商業行名錄》，1956-1957年。
- 陳大同，李汝祥編，《香港海空指南》，香港：中國新聞社，1951年。
- 《華字日報》，香港：1910、1911、1915、1921、1936、1939年。
- 《工商日報》，香港：1936、1937、1941、1945-1969年。
- 《華僑日報》，香港：1941-1945、1948、1949-1994年。
- 《星島日報》，香港：1941、1946-2003年。
- 《香島日報》，香港：1945年。
- 《星島晚報》，香港：1978年。
- 《明報》，香港：1967-2003年。
- 《香港總督呈殖民地部大臣函：一九五六年十月十日至十二日九龍及荃灣暴動報告》，政府印務局，1956年12月23日。
- 姜長英，《中國航空史——史話．史料．史稿》，北京：清華大學出版社，2000年。
- 姚峻編，《中國航空史》，鄭州：大象出版社，1998年。
- 當代中國編輯委員會編，《當代中國的民航事業》，北京：中國社會科學出版社，1989年。
- 米歇爾．喬治亞著、楊常修譯，《天穹蒼跡——1909-1949年的中國航空》，北京：航空工業出版社，1992年。
- 程昭武、沈美珍、孟鵲鳴著，《中國名機珍藏》，北京：中國民航出版社，1998年。
- 陳耀寰，《銀翼處處——中國大陸、臺灣省及香港民航史略》，北京：中國華僑出版公司，1990年。
- Nancy Allison著、沈運曾譯，〈開拓中國民航與飛越駝峰——二十年之中、美合夥成為冷戰中第一個被犧牲的「中國航空公司」〉，載自《中國的空軍》第717-719期，臺北：民89年。
- 方維普，《華僑航空史話》，北京：中國華僑出版公司，1991年。
- 黃孝慈，〈中國飛機尋根（之九）——國父平粵逐桂時所使用之兩種水機〉，載自《中國的空軍》第733期，臺北：民90年。
- 唐學鋒，《中國空軍抗戰史》，成都：四川大學出版社，2000年。
- 宋軒麟，〈啟德濱與啟德機場的興建〉，載自趙雨樂、鍾寶賢編，《香港地區史研究之一：九龍城》，香港：三聯書店，2001年。
- 高添強，〈二次大戰與啟德機場〉，載自趙雨樂、鍾寶賢編，《香港地區史研究之一：九龍城》，香港：三聯書店，2001年。
- 鮫島盛隆著、龔書森譯，《香港回想記》，香港：基督教文藝出版社，1971年。
- 唐海，〈香港淪陷記〉，載自葉德偉編，《香港淪陷史》，香港：廣角鏡出版社，1982年。
- 陳濟棠，〈香港脱險記〉，載自葉德偉編，《香港淪陷史》，香港：廣角鏡出版社，1982年。
- 陶希聖，〈重抵國門〉，載自葉德偉編，《香港淪陷史》，香港：廣角鏡出版社，1982年。
- 薩空了，《香港淪陷日記》，北京：新華書店，1985年。
- 葉德偉編，《香港淪陷史》，香港：廣角鏡出版社，1982年。
- 謝永光，《三年零八個月的苦難》，香港：明報出版社，1994年。
- 方蘭，〈我的母親〉，載自徐月清編，《戰鬥在香江》，香港：新界鄉情系列編輯委員會，1997年。
- 江水，〈營救英國被俘軍官〉，載自徐月清編，

《戰鬥在香江》，香港：新界鄉情系列編輯委員會，1997 年。

- 李兆華，〈回憶一件難忘的往事〉，載自徐月清編，《戰鬥在香江》，香港：新界鄉情系列編輯委員會，1997 年。
- 徐月清編，《活躍在香江——港九大隊西貢地區抗日實錄》，香港：三聯書店，1993 年。
- 莫世祥、陳紅，《日落香江——香港對日作戰紀實》，廣州：廣州出版社，1997 年。
- 陳達明，《香港抗日遊擊隊》，香港：環球出版，2000 年。
- 關禮雄，《日佔時期的香港》，香港：三聯書店，1993 年。
- 高添強、唐卓敏，《圖片香港日佔時期》，香港：三聯書店，1995 年。
- 楊克林編著，《中國抗日戰爭時期：1937-1945》，香港：三聯書店，1995 年。
- Ron Heiferman 著、彭啟峰譯，《飛虎隊：陳納德在中國》，臺北：星光出版社，1996 年。
- 魯言編，《香港掌故第二集》，香港：廣角鏡出版社，1979 年。
- 魯言編，《香港掌故第十集》，香港：廣角鏡出版社，1985 年。
- 曾銳生，〈「兩航事件」內幕〉，載自魯言編，《香港掌故第十一集》，香港：廣角鏡出版社，1987 年。
- 亞歷山大．葛量洪著、曾景安譯，《葛量洪回憶錄》，香港：廣角鏡出版社，1984 年。
- 許家屯，《許家屯香港回憶錄》，臺北：聯合報，民 82 年。
- 朱維德，《香港掌故第二冊》，香港：金陵出版社，1988 年。
- 吳昊，張建浩編，《香港老花鏡之生活舊貌》，香港：皇冠出版社，1996 年。
- 劉小清、劉曉滇著，《香港野史——風雲人物》，香港：三聯書店，1999 年。
- 劉小清、劉曉滇著，《香港野史——社會秘聞》，香港：三聯書店，1999 年。
- 藍潮，《香港商戰風雲錄》，香港：名流出版社，1997 年。
- 《圖片香港歷史》，香港：大道文化有限公司，1997 年。
- 西貢區議會編，《西貢風貌》，香港：1995 年。
- 李鵬翥，《澳門古今》，香港：三聯書店，1986 年。
- 羅卡、黎錫編，《黎民偉：人．時代．電影》，香港：明窗出版社，1999 年。
- 杜雲之，《中國電影史第一冊》，臺北：臺灣商務印書館，民國 61 年。
- 王比編，《中國電影大辭典》，上海：上海辭書，1995 年。
- 〈第一位女機師〉，載自《東方日報》「香港之最」專欄，1977 年 1 月 28 日。
- 〈二十年代出國女星李旦旦名震上海〉，載自《深圳特區報》，2001 年 8 月 7 日。
- 劉回年編，《中國人民解放軍駐香港部隊》，香港：文匯報，1997 年。
- 野原茂著、林大維譯，《圖解世界軍用機史（上）——螺旋槳機篇》，臺北：麥田出版有限公司，1996 年。
- Bill Gunston 著、蘇紫雲譯，《二戰軸心國戰機》，香港：萬里書店，1998 年。
- Bill Gunston 著、洪政慶譯，《二戰盟軍戰機》，香港：萬里書店，1998 年。
- 基建研究組織編，《香港替代性機場選點研究》，香港：基建研究組織有限公司，1991 年。
- 薛鳳旋編，《香港發展地圖集》，香港：三聯書店，2001 年。
- 《港口及機場發展策略：香港的發展基礎》，香港：政府印務局，1991 年。
- 張家偉，《香港六七暴動內情》，香港：太平洋世紀出版社，2000 年。
- 蔡榮芳，《香港人之香港史 1841-1945》，香港：牛津大學出版社，2001 年。
- 王礽福編，《俠骨宏情——懷念親愛的喬宏叔》，香港：宣道出版社，1999 年。
- 湯開建、蕭國健、陳佳榮編，《香港 6000 年》，香港：麒麟出版社，1998 年。
- 陳昕、郭志坤編，《香港全紀錄》（卷 1 及卷 2），香港：中華書局，1997 年。

鳴謝（筆劃序）

本書內容不代表以下機構或人士立場

香港民航處
香港飛機工程有限公司
香港航空攝影會
香港航空青年團
香港機場管理局
香港歷史飛機協會
香港歷史博物館
國泰航空公司
港龍航空公司
港聯直昇機公司

日本 NHK 電臺
半島酒店 China Clipper Lounge
每日新聞
香港大學孔安道圖書館
香港中央圖書館
香港政府檔案處歷史檔案館
華僑日報
Air France
Airways International, Inc.
Australian War Memorial
British Airways
Deutsche Lufthansa
Fleet Air Arm Museum
Hong Kong News
Imperial War Museum
jjpostcards
Musée Royal de l'Armée
U. S. National Archives

伍玉清
伍榮新
伍耀基
朱迅
何振綱
吳邦謀
宋軒麒
徐月清
高添強
崔家威
梁樹昌
傅鏡平
喬宏太太
湯紹國
葉紹麒
楊克林
盧志超
謝天賜
譚德華
滕玉果
Bobbe Marshall
Cliff Dunnaway
Cliff Wallace
Dan-San Abbott
Dr. Alex Mitchell
G. Stuart Leslie
George W. Hamlin
H. K. Watt
John Hambly

John Mongell
K. H. Ng
Ken Wolinski
M. S. Chan
Mel Lawrence
Mme. de Ricou
Pamela Kirrage
Pan Am Archives
RAF 28 Sqn.
Selwyn Hall
Sgt. Robert E. Mongell
Sgt. Walter J. Wipperfurth
Simon Sung
Terence S. Rushton

AIRCRAFT DEPARTURES
AIRCRAFT DEPARTURES
NAGOYA
TAIPEI
K'LUMPUR
DENPASAR
OSAKA